소액 경매 투자로
직장인 탈출하기

소액 경매 투자로
직장인 탈출하기

내일로의 시작, 꼬동(김병균) 지음

매일경제신문사

하락장에는
어떻게 투자할까요?

2021년 9월쯤 아파트 상승장이 마무리된다는 것을 느낄 수가 있었다. 이 시기에는 주변 커피숍에 들어가면 테이블에 앉은 사람들이 아파트만 이야기했다. 대중들이 부동산 투자 중 너무 아파트에 치우쳐 있으니 주변 지인들에게 아파트 투자는 조금씩 정리하라고 했다. 하지만 그 시기에 아파트를 처분하는 투자자들이 극히 드물었다. 이미 올라오고 있는 아파트 시세가 있으니 그 시세에 열광했고, 시세보다 저렴하게 매각 정리할 생각은 없었다.

결국, 대부분의 아파트 투자자가 매각하지 못하고, 2022년도 1월을 맞게 된다. 새해를 기점으로 아파트 가격이 무섭도록 빠지기 시작했다. 사람들이 이때부터 가지고 있는 아파트를 정리하고 싶어 했다. 아직 시세보다 저렴하게 매각하면 정리할 수 있다고 이야기를 했다. 하지만 이때도 그전 매매가를 생각해 팔지 못하는 사람들이 대부분이었다.

어떤 투자도 영원한 상승은 없는 법이다. 대신 하락장에도 수익을 낼 수 있는 부동산이 있다고 이야기를 했지만, 처음에는 다들 귀담아듣지 않았다. 부동산 투자자 중 대부분이 선택하는 투자 종목이 아파트 투자기 때문이다. 거기다 아파트 투자 중 갭 투자와 분양권 투자만을 선호하고, 경매로 매입해 차익을 남기는 투자는 하지 않았다.

2022년도 2월, 투자에 목마름이 있는 사람들이 모여 경매 스터디 반을 오픈했다. 준비된 장소도 없었고, 단지 투자에 대한 학구열이 높은 세 분이 참석하셨다. 정은영 선생님, 박경연 선생님, 하진실 선생님 세 분이 참석한 작은 스터디 반은 몇 개월 만에 35명 이상으로 성장했다. 여담이지만, 인원이 늘어 강의장도 오픈하게 되었다.

스터디반을 개최했던 해가 나에게는 조금 힘든 계절이었다. 이 힘든 계절을 이겨낼 수 있도록 도와준 우리 회원들에게 항상 감사하고 있다. 또한, 이 계절이 지나갈 수 있도록 도와준 나의 자랑스러운 어머니, 아버지, 내 동생 김재랑, 세상 어느 것과 바꿀 수 없는 나의 보물 주니와 리니, ㈜우정개발 동료들, 머니에듀 동료들 등 필자를 아껴주고 사랑해주는 모든 사람에게 감사하는 마음으로 이 책을 드린다.

내일로의 시작

머니에듀는
이렇게 설립되었다

이 책의 계기가 된 포투연 경매 스터디를 설명드리려면 포항 투자 연구소(이하 포투연)가 생긴 연유부터 설명해야겠다.

직장을 다니면서 직장 내 사람들 간의 소통만 하다 보니 내가 관심 있는 투자, 재테크, 경·공매, 돈 버는 것에 관심이 있는 포항 사람들 간의 소통이 간절했다. 그 시기에는 경제적 자유를 얻고자 하는 거창한 목표가 있는 것이 아니라, 그저 직장에서 하는 일이나 상사, 부하 직원들 간의 업무 이야기기가 아닌 조금 더 발전적이고 돈을 벌고 싶은 사람들 간의 소통이 절실했다.

2019년 9월 6일 출근길에 운전하면서 이런 사람들을 한번 모아보자는 생각을 했다. 간단한 관련 블로그 글을 하나 포스팅했다. 블로그 포스팅에 카카오톡 공개채팅방을 하나 만들어 채팅방에서 실시간으로 소통하자고 제안했고, 한 달에 한 번은 꼭 오프라인 모임을 하고자 했다. 이런 니즈를 필요로 하는 사람이 많았던 것인지, 첫 달부터 30명 정도가 모였다. 오프라인 모임을 할 때는 12분 정도 모여서 소통을 하게 되었다.

첫날은 간단하게 내 위주로 발표를 하고 뭐가 뭔지 모르는 확실하게 정해진 것이 없는 상태에서 진행하게 되었다. 첫 번째 모임이 별로였던지 두 번째 모임부터는 인원이 확 줄어 4분 정도가 모였다. 그래서 이 모임을 유지하기는 어려운가 싶기도 했다.

세 번째 모임부터는 혼자 주도하는 모임이 아닌 몇몇 분이 발제자로 나서게 되었다. 그중 한 분이 '내일로의 시작' 님이시다. 세 번째 모임은 15분 정도가 모였고 아직도 이분들이 포투연의 중심역할을 해주고 계신다. 사실 내일로의 시작 님의 첫인상은 그리 좋지 않았다. 너무 크고 쩌렁쩌렁한 목소리와 확신에 가득찬 말투가 내성적인 나에게는 조금은 부담스럽게 느껴졌다.

이때부터 인연을 이어오며 현재 3년째 모임을 하며 지내고 있다. 처음에는 부담스러운 목소리였지만, 이제는 강의하기에 특화되어 있다고 생각한다. 확신에 찬 것은 듣는 누군가에게는 힘이 되는 목소리였다. 시간상으로 3년 동안 봐온 결과, 부동산 투자 중에서도 경매 분야에 특화된 분이었다. 물건분석, 명도, 소송, 마인드 등에서 누구보다 탁월한 멋진 분이었다.

가장 결정적인 것은 내일로의 시작 님의 기버(Giver) 성향이다. 투자자들은 본인들이 부를 일구면 쉽게 알려주기보다 강의비를 받고 알려준다. 내일로의 시작 님은 그런 다른 분들과 다르게 같이 밥을 먹거나, 술 한잔하면서 힘든 분이 있으면 그냥 다 알려주는 기버 성향의 사람이었다.

나 또한 도움을 많이 받았고 주변 분들도 도움을 많이 받고 있다. 내일로의 시작 님은 대가를 바라지 않았으나, 누군가에게 많이 알려주다 보니 시간상으로 부족한 부분이 있어 보였다. 포투연도 성장해 2,500명이 되어가고 유튜브, 블로그도 많이 성장해 나에게는 플랫폼이 있었다. 내일로의 시작 님에게는 수많은 경험으로 만들어진 경매 스킬이 있었다. 이 두 가지를 접목해서 사람들에게 도움이 되고자 포투연 경매 스터디 톡방을 만들게 되었다. 일정 금액을 받고 경매 스터디 톡방을 운영하니 무료로 누구에게 알려주다가 개인 시간이 부족해지는 것도 방지하게 되었다. 한편 도움을 받는 분들도 체계적으로 도움을 받게 되었다.

초기에는 인원이 3명으로 3개월 정도 유지했다. 3명이었지만 돈을 받으니 같이 즐기며 경매 물건을 분석 투자하고 소통도 많이 하면서 운영했다. 점점 입소문이 퍼져 현재는 제한 인원인 35명 정도가 꽉 찬 방으로 운영되며, 대기 인원도 10명 정도 있다.

6개월 정도 참여하고 있는 분들 모두 1회 이상 혹은 3회 이상 낙찰 경험이 있다. 실제 수익이 나고 있으니 나갈 생각이 없으신 분들이 절반 이상이다. 앞으로 10년간 수강을 하겠다고 하신 분들이 있는데 부자 되시면 그냥 놀러 나오신다고 하신다. 수익을 높이기 위해서는 오프라인 50명 받고 온라인까지 추가로 받으면 좋겠지만, 35명으로 인원을 제한하는 이유가 있다.

경매의 특성상 물건은 한정적인데 수강생들끼리의 경쟁이 높아지지 않기 위해서 35명으로 제한하는 것이다. 앞으로도 꾸준히 이렇게 운영할 생각이다.

책에 소개하는 내용은 어떤 식으로 매각 물건을 분석하고 수익률을 검토하고 진행하면서 했던 고민과 해결방법이다. 실제 사례를 덧붙여서 나와 있으니, 경매를 통해 수익을 내고 싶은 사람들에게 도움이 되길 바란다.

1년간의 수익 사례를 적었으니 앞으로 매년 1년씩 모아서 지방 투자자들이 어떤 식으로 지방에서 경매를 통해 수익을 내는지 광역시, 수도권은 어떤 식으로 투자를 하는지 알 수 있을 것이다. 1년 지날 때마다 포투연 경매 스터디 대화방 분들의 자산이 얼마나 성장하는지 지켜볼 수 있는 좋은 내용이 될 것이다.

나는 대학교를 졸업하자마자 해군 장교 생활 10년, 공기업 팀장 3년을 하면서 직장생활에 회의를 느꼈다. 누군가에게 얽매인 삶이 아닌 시간적 자유와 경제적 자유를 누리고자 다양한 시도를 했다.

첫 번째로는 제일 먼저 20년간 해오고 있는 바다 프리다이빙을 통해 전문적으로 나잠어업증을 취득해 해남(海男) 활동을 하고 있다.

두 번째로 바닷가에 꼬동게스트하우스를 건축하고 운영하며, 요리하고 사람들과 맛있는 음식을 먹으며 소통하고 있다.

세 번째로 포항 투자 연구소라는 포항 재테크 커뮤니티를 만들어 매월 1회 이상 부동산 및 사업과 관련해 사람들과 소통하는 모임을 만들어 운영하고 있다.

네 번째로 머니에듀 경매 스터디반을 운영하며 본격적으로 경·공매 실전 투자 매물을 분석하고 공동 투자도 진행하면서 시간적, 경제적 자유를 향해 경매 스터디 톡방 회원들과 함께 나아가고 있다.

이 책은 내일로의 시작 님과 함께 1년간 투자해온 내용을 적은 책이다. 나와 마찬가지로 시간적, 경제적 자유를 누리고 싶은 사람들에게 도전이 되고, 도움을 줄 수 있기를 바란다.

꼬동(김병균)

포항 투자 연구소 (포투연 업데이트 예정)

포항투자연구소
(포투연)

일시 : 매월 마지막주 금요일 7시
장소 : 미정(별도공지)

CONTENTS

소액 경매 투자로
직장인 탈출하기

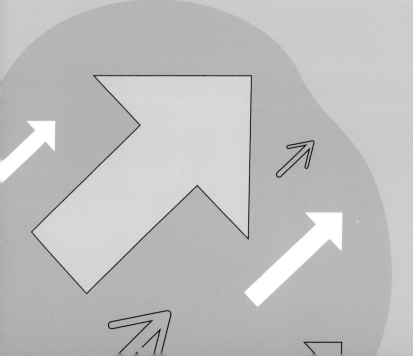

상가 건물
소액 투자

경매 스터디 모임이 진행된 지 1개월 정도 지나자 인원이 5명 정도 늘어나게 되었다. 1개월간 스터디 모임을 한 보람이 있는지 사람들이 물건을 하나하나 찾아오기 시작했다. 경상북도 경산시 물건을 보는 중에 눈에 확 띄는 물건이 보였다. 영남대학교 근처에 있는 상가주택이었다. 영남대학교 앞이면 재학생 인프라로 공실이 없고 수익성이 충분했다. 하지만 무슨 이유인지 몰라도 경매 진행 중이었다. 현장을 가지 않는 한 이유를 알 수 없으니 직접 현장 답사를 계획했다.

그다음 날에 바로 현장에 가봤다. 상가주택의 위치는 영남대학교 먹자골목 바로 옆에 있었다. 한 블록 앞에는 중심상권이 있었다. 입지상 도저히 망할 수 있는 위치가 아니었다. 도대체 왜 경매 물건으로 나왔는지 의문이 들었다. 채권금액을 확인하기 위해 토지 등기부등본과 건물 등기부등본을 발급받았다.

위치도

TVB 토지등기 (채권합계금액 : 761,000,000원)

순서	접수일	권리종류	권리자	채권금액	비고	소멸
을(6)	2017-01-10	근저당권설정	서영	481,000,000	말소기준등기 확정채권대위변제전:소화신협	소멸
갑(22)	2019-09-19	소유권이전	김소		매매	
을(10)	2020-02-07	근저당권설정	김겸	280,000,000		소멸
갑(23)	2020-12-18	압류	경산시			소멸
갑(24)	2021-02-09	임의경매	서영	청구금액 345,819,941	2021타경1292	소멸
갑(25)	2021-06-09	압류	경산시			소멸
갑(28)	2021-10-14	압류	국민건강보험공단 (경산청도지사)			소멸

기타사항 ▶ 조영동

TVB 건물등기 (채권합계금액 : 893,000,000원)

순서	접수일	권리종류	권리자	채권금액	비고	소멸
을(16)	2017-01-10	근저당권설정	서영	481,000,000	말소기준등기 확정채권대위변제전:소화신협	소멸
갑(12)	2019-09-19	소유권이전	김소		매매	
을(20)	2020-02-07	근저당권설정	김겸	280,000,000		소멸
을(21)	2020-08-10	주택임차권	강민	2,000,000	전입:0000.00.00 확정:2020.07.21 차임:360,000원, 범위:202호	소멸
을(22)	2020-08-21	주택임차권	한국토지주택공사	45,000,000	전입:2020.07.16 확정:2018.08.16 범위:201호	소멸
을(23)	2020-08-21	주택임차권	임채	45,000,000	전입:2018.01.04 확정:2018.01.04 범위:203호	소멸
을(24)	2020-09-23	주택임차권	오진	40,000,000	전입:2018.09.14 확정:2018.09.03 범위:306호	소멸
갑(13)	2021-02-09	임의경매	서영	청구금액 345,819,941	2021타경1292	소멸

토지 등기부등본을 보면 신협은행에서 채권 최고액 481,000,000원을 대출을 받은 것을 알 수 있다. 물론 건물 등기부등본상에도 같은 은행, 같

은 채권금액이 잡혀있는 것을 보면 토지와 건물 전부를 담보해 대출을 받은 것으로 보인다.

나중에 근저당채권이 신협은행에서 서영○로 대위변제를 했는데 아마 서영○이 이 부동산 물건에 이해관계인이라는 것을 알 수 있었다. 2020년도 2월에는 김겸○에게 근저당설정 280,000,000원이 잡혔다.

2곳이 채권이 합이 761,000,000원으로 현 부동산 감정가보다 높게 나왔다. 하지만 감정가는 시세가 아니므로 좀 더 조사가 필요했다. 일단 부동산 앱을 통해 최근 거래 내역을 알아봤다.

부동산 어플 디스코

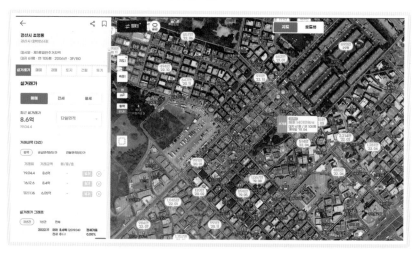

거래 내역을 확인하니 2019년 4월 4일에 860,000,000원에 거래됨을 알 수 있었다. 하지만 신고금액과 정확한 거래금액이 다를 수 있기 때문에

인근 부동산 중개사무소를 찾아가기로 했다. 물건지 바로 근처 앞에 부동산 중개사무소가 있었고, 마침 안에 소장님이 계셨다. 원래 시세 조사를 할 때는 일반매물의 매수자인 척을 하며 소장님에게 다양한 정보를 듣는 것이 빠르다. 하지만 이때는 뭐에 홀렸는지 단도직입적으로 대화를 하게 되었다.

"소장님, 여기 옆에 상가주택이 경매에 나왔는데 근방 월세를 알고 싶어서 들어왔습니다."

보통 부동산 중개사무소에 가서 경매로 방문했다고 하면 문전박대를 당하기가 일쑤다. 하지만 여기 소장님은 자리에 앉기를 권유하면서 친절하게 설명을 해주었다.

상가주택 전에 주인이 860,000,000원에 매입한 것이 맞으며 현 부동산과 주거지역이 거리가 있어 자기한테 세를 놓고 관리하는 것을 맡긴 상태라고 했다.

원룸의 월세가 35만 원이라고 이야기하면서, 현재 부동산 방의 수와 관리 상태도 다 이야기해주었다. 1층 상가 1개, 투룸 1개, 원룸 1개, 2층에는 원룸 5개, 3층에는 원룸 5개로 월세를 다 맞추면 월 500만 원 이상이 나오는 물건이었다.

'월세가 500만 원 이상이 나오는데 왜 경매로 나왔지?'라는 의문이 들었다. 소장님과 이야기해보니 코로나19로 인해 현 부동산의 매출이 감소 되었다고 이야기했다. '대부분 원룸으로 이루어진 건물인데 코로나19와 무슨 상관일까?'라고 생각이 되지만, 인근 영남대학교에서 코로나19 확산으로 비대면 수업을 진행하면서 원룸에 거주하는 학생들이 단체로 집으로 돌아가는 사태가 발생했다.

2020년도 1학기부터 수업을 비대면으로 진행하기 시작했고, 코로나19가 장기화하면서 2021년까지 학교 운영에 영향을 미쳤다. 결국, 2021년도 2학기까지 비대면 강의로 진행이 되었다. 그래서 영남대학교 학생들이 원룸 월세를 구하지 않았고, 기존에 전세를 살고 있던 학생들도 보증금 반환을 요구하자 임대인이 더는 버티지 못하고 현 부동산이 경매에 나오게 되었다.

영남대 휴교 기사

뉴스홈 | 최신기사

경북대 이어 영남대도 1학기 전체 비대면수업

송고시간 | 2020-04-21 15:56

이덕기 기자
기자페이지

(경산=연합뉴스) 이덕기 기자 = 영남대는 신종 코로나바이러스 감염증(코로나19) 확산을 막기 위해 올해 1학기 학부 수업 전체를 비대면으로 진행한다고 21일 밝혔다.

영남대는 이날 오전 감염병관리대책위원회를 열고 이같이 결정했다. 위원회에는 부총장이 위원장을 맡고 학생 대표로 총학생회장이 참여했다.

일부 실험·실습 강의는 과목별 담당 교수 재량으로 대면 강의를 할 수 있도록 하되 반드시 학생 개별 동의를 받도록 했다. 대학원은 추가 논의 후 결정키로 했다.

출처 : 연합뉴스

📋 임차인 현황

목록	임차인	점유부분/기간	전입/확정/배당	보증금/차임	대항력	분석	기타
1	강민	주거용 202호 2018.02.01.~2020.06.30.	전입: 미상 확정: 2020-07-21 배당: 2021-03-19	보2,000,000원 원360,000원	없음	소액임차인 주임법에 의한 최우선변제 액 최대 1,700만원 배당금없음	임차권등기자
2	김대	주거용 305호	전입: 2020-10-05 확정: 미상 배당: 없음	미상	없음	배당금없음	임차인
3	김	주거용 205호 2019.08.23.~2021.09.09.	전입: 2021-03-03 확정: 2019-08-23 배당: 2021-03-08	보50,000,000원	없음	경매등기후 전입신고	임차인 [현황서상 보:4,500만원]
4	김영	주거용 101호 2017.02.01.~2021.03.03.	전입: 2017-02-01 확정: 2017-02-01 배당: 2021-03-03	보40,000,000원	없음	소액임차인 주임법에 의한 최우선변제 액 최대 1,700만원 순위배당 있음	임차인
5	김정	주거용 303호 2018.09.01.~2020.12.31.	전입: 2018-09-03 확정: 2018-09-03 배당: 2021-03-05	보40,000,000원	없음	소액임차인 주임법에 의한 최우선변제 액 최대 1,700만원 순위배당 있음	임차인 [현황서상 차:3만원]
6	김준	주거용 102호 2019.07.20.~2021.07.19.	전입: 2019-07-04 확정: 2019-07-04 배당: 2021-03-05	보50,000,000원	없음	순위배당 있음	임차인
7	박준	주거용 305호 전부 2020.04.04.~2021.04.03.	전입: 2020-04-07 확정: 2020-04-07 배당: 2021-04-26	보20,000,000원	없음	소액임차인 주임법에 의한 최우선변제 액 최대 1,700만원 순위배당 있음	임차인
8	오진	주거용 306호 2018.09.01.~2020.07.31.	전입: 2018-09-01 확정: 2018-09-03 배당: 2021-03-24	보40,000,000원 원30,000원	없음	소액임차인 주임법에 의한 최우선변제 액 최대 1,700만원 순위배당 있음	임차권등기자 [현황서상 전:2018-09-14]
9	이선	주거용 202호	전입: 2020-11-11 확정: 미상 배당: 없음	미상	없음	배당금없음	임차인
10	임채	주거용 203호 2017.12.31.~2020.04.30.	전입: 2018-01-04 확정: 2018-01-04 배당: 2021-04-16	보45,000,000원	없음	소액임차인 주임법에 의한 최우선변제 액 최대 1,700만원 순위배당 있음	임차권등기자
11	한국토지주택 공사	주거용 201호 2018.09.05.~2020.07.10.	전입: 2020-07-16 확정: 2018-08-16 배당: 2021-02-18	보45,000,000원	없음	소액임차인 주임법에 의한 최우선변제 액 최대 1,700만원 순위배당 있음	임차권등기자
12	허남	주거용 206호 2019.07.03.~2021.07.02.	전입: 2019-07-03 확정: 2019-06-24 배당: 2021-03-04	보38,000,000원	없음	소액임차인 주임법에 의한 최우선변제 액 최대 1,700만원 순위배당 있음	임차인
13	홍대	주거용 301호 2019.09.24.~2022.02.24.	전입: 2021-02-16 확정: 미상 배당: 2021-03-08	보1,000,000원 원310,000원	없음	경매등기후 전입신고	임차인

개인적으로 현 부동산의 주인이 참 안타깝다는 생각이 들었다. 월세를 받아 노후에 안락한 생활을 하려고 2019년 9월 19일 건물주가 되었다. 그런데 날벼락처럼 전염성이 강한 코로나19가 2020년에 본격화해서 무려 2년 동안 괴롭힌 것이다.

건물주 입장에서는 마른하늘에 날벼락이 떨어진 격이다. 세가 맞춰지지 않으니 일반 매매를 통해 매매가 전혀 이루어지지 않았다. 소장님에게 현 부동산 정보를 듣고 우리가 낙찰을 받으면 건물을 예전처럼 관리해달라고 부탁했다. 바로 현장에 들려 물건의 시설상태와 유지보수가 필요한 부분을 체크했다.

1층의 상가는 코인세탁방을 운영하고 있는데 주변이 원룸 세대라서 이용객이 많았다. 그 전 주인은 월세를 80만 원을 받고 있었다. 조사 결과, 월세 20만 원을 올려도 큰 무리 없이 올려받을 수 있을 것 같았다.

원룸은 1년 가까이 공실인 집이 있었으며 전기세를 내지 않은 집들도 많았다. 한국전력공사에서 전기계량기를 아예 철거한 집도 적지 않았다. 그러면 주변에 월세가 맞춰지지 않는다는 것이어서 직접 수요조사를 시작했다.

물건지 바로 앞 대로변 커피숍에 나가보니 '이게 웬걸?' 대학생들이 인근에 많이 있다. 커피숍에서 커피를 주문하면서 사장님에게도 여쭤봤다.

"사장님, 가게 안에 사람들이 많아 앉을 자리가 없네요. 매번 이렇게 자리가 꽉 차나요?"

그러자 사장님이 대수롭지 않게 요즘 학교가 개강을 해서 학생들이 많이 온다고 이야기를 해준다. 커피를 사가지고 밖으로 나가봤다. 아직 오후 2시인데도 군데군데 학생들이 오가는 것이 보였다. 학교 앞까지 가보니 버스정류장에서 버스를 기다리고 있는 학생들이 눈에 띄었다.

직접 눈으로 보니 학교가 개강을 했다는 것을 알 수 있었다. 이 물건에 월세를 충분히 맞출 수 있다는 확신이 들었다. 기존의 월세만 제대로 맞추면 2019년에 매각한 금액 860,000,000원 이상으로 매각될 수 있다. 매각가까지 확신이 들었으니 이제 입찰을 준비해야 한다.

입찰할 때 항상 낙찰가가 고민이다. 얼마를 써야 하며 입찰자는 몇 명일까? 1주일간 고민에 고민을 거듭했다. 너무 적게 쓰면 떨어질 것이고 그렇다고 너무 높게 쓰면 경매로 매입하는 것이 의미가 없다. 고민하다 2등 입찰가는 생각하지 않고 내가 가져갈 이득만 충분히 취한다는 생각으로 650,210,000원에 입찰하기로 결정했다.

출처 : 저자 작성

과거 코로나19 여파로 이 지역의 상가주택의 인기가 확 줄었다. 덕분에 이 우량물건도 입찰자가 3명밖에 되지 않았다. 또한, 이 지역이 잠깐 침체를 겪어서 입찰하는 사람들이 너무 보수적으로 입찰을 했다. 2등과의 가격 차가 제법 있었지만, 경매에서 2등은 중요하지 않으니 덕분에 쉽게 낙찰을 할 수가 있었다. 이제 낙찰을 받았으니 세입자 명도가 남았다.

세입자는 대부분 학생이었다 또한 낙찰 후 인수금액이 없었기 때문에 명도가 아주 어려울 것 같지는 않았다. 대신 오래전 배당신청을 하고 이사한 세입자들이 많아 연락처를 찾아야 했다. 이해관계인이니 다시 법원으로 가서 사건기록 열람 신청을 했다. 배당신청을 한 세입자들은 배당을 신청하면서 자신들의 연락처를 법원에 남겨놓는다. 연락처를 다 찾아서 한 명, 한 명에게 전화를 돌렸다. 세입자들 대부분 소액 임차인이 많아 낙찰자의 인감증명서와 명도확인서가 없으면 최우선변제금액을 받을 수가 없기 때문에 쉽게 합의가 되었다.

상가에 코인세탁방도 간판을 보고 연락을 해 세입자에게 어떻게 할 것인지 물어봤다.

"사장님, 계속 임차를 하실 건가요? 나가실 건가요?"

세입자가 코인세탁방을 운영하기 위해서는 상가에 인테리어비 및 집기류 비용을 투자할 수밖에 없다. 40평가량 상가에 인테리어 및 집기류 비용이 적어도 5,000만 원 이상이 들었을 것이다. 과연 상가 세입자가 이것을 포기하고 자리를 쉽게 옮길 수가 있을까?

어느 정도 수익이 발생하면 상가 세입자는 자리를 포기하지 않고 그 자리에서 장사를 계속하려고 한다. 만약 이사하게 되면 비슷한 평형에 또다시 인테리어 비용이 발생할 수밖에 없다. 그 외 부수적으로 이사 비용 또한 발생하고 집기류 설치 비용도 발생한다. 상황이 이러하니 돌아오는 대답이 '임대차를 계속하겠다'라고 이야기가 나올 수밖에 없다. 이제는 월세에 관해 이야기할 차례다.

"사장님, 임대차를 계속하시려면 기존의 월세보다 20만 원은 더 주셔야 합니다."

세입자 입장에서는 월세를 올리면 당연히 반기를 들 수밖에 없다. 기존에 월세보다 많이 올려 받으면 자신이 장사해서 얻은 수익의 일부분을 건물주에게 더 줘야 하니 반대하게 된다. 하지만 이제 학생들도 이제 대면 강의를 듣기 위해 일대 원룸으로 들어왔다. 시간이 지날수록 코인세탁방 수익률이 향상되니 세입자 입장에서는 기존 월세보다 20만 원 더 내는 상황이 있어도 계속 임차계약을 하려고 할 것이다. 역시 세입자는 기존 월세보다 많이 올린다며 반대했다.

"사장님, 기존 월세보다 인상이 안 되면 나가주시면 됩니다. 여기에 다른 분이 세를 얻고 싶어 하시는데 나가주시면 저희는 좋습니다."

이 말이 떨어지기가 무섭게 기존의 세입자는 월세 20만 원을 올려줄 테니 계약하자고 했다. 상가 임대차 계약이 쉽게 성사되는 순간이었다.

하지만 문제는 이후에 발생했다. 상가주택 담보대출을 알아본 결과 우리가 예상한 금액만큼 대출이 안 된다는 것이었다. 매입을 결정할 때 상가 부분이 있으니 담보대출이 60%는 받을 수 있을 거라고 예상하고 매입을 진행했다. 대출로 390,000,000원을 받아서 소유권 이전 후 원룸 몇 채를 전세로 돌려 들어간 비용을 회수할 계획이었다. 굳이 다가구주택을 알아보지 않고 상가주택을 알아본 이유도 대출이 가능할 것 같아서 매입한 것이었다.

낙찰 후 45일 안에 소유권 이전을 해야 하니 여러 은행에 전화를 돌려 봤다. 대부분 은행 답변이 며칠 전에만 찾아오셨어도 그 정도 금액은 대출이 되었는데 정책이 바뀌어서 지금은 못 해준다는 것이었다. 집값의 상승 여파로 정부에서 유동자금을 묶으니 은행에서도 별다른 방도가 없는 것 같았다. 이런 우량물건을 대출이 원하는 만큼 안 된다고 포기할 수는 없는 법이다.

최선이 안 된다면 차선을 써야 한다. 일단 알아본 은행 중 제일 대출이 많이 되는 은행이 250,000,000원이다. 일단 이 은행으로 선택했다. 소유권 이전 시 처음 계획한 금액보다 140,000,000원이 부족한 상황이다. 또 여러 은행에 접촉해 개인 신용대출을 알아봤다. 어찌어찌 모으니 소유권 이전할 금액이 마련이 되었다. 소유권 이전 전부터 임차권등기를 하고 간 학

수익률 표 (단위 : 원)

		월세	보증금		기타	
1층	상가	1,000,000	10,000,000		대출	250,000,000
	투룸	500,000	5,000,000		대출이자	12,500,000
	원룸	350,000	2,000,000		보증금합계	37,000,000
					총월세	5,350,000
2층	원룸	350,000	2,000,000		총연세	64,200,000
	원룸	350,000	2,000,000			
	원룸	350,000	2,000,000		낙찰가	650,210,000
	원룸	350,000	2,000,000		실투자금액	363,210,000
	원룸	350,000	2,000,000		연세-대출이자	51,700,000
3층	원룸	350,000	2,000,000		수익률	14.23418959
	원룸	350,000	2,000,000			
	원룸	350,000	2,000,000			
	원룸	350,000	2,000,000			
	원룸	350,000	2,000,000			

출처 : 저자 작성

생들에게 연락했다. 연락된 학생들에게 배당을 받을 수 있게 명도확인서, 인감증명서 서류를 내어주고 방을 열었다.

광고를 할 수 있게 방 상태를 다 확인 후 사진을 찍어 부동산 사무실에 넘기니 몇 시간이 안 되어서 방을 볼 수 있냐고 문의가 들어왔다. 소유권 이전 후 전세 및 월세를 바로 계약할 수 있게 준비를 다 해놓은 상태에서 소유권 이전을 진행했다. 이후 방 계약은 우리가 기존에 생각했던 금액 이상으로 계약이 되어 투자 원금을 일부 회수하고도 수익률 10% 이상이 나왔다.

사회초년생이나 대학생들이 주변에서 보증금을 떼이는 경우를 많이 보게 되어 팁을
남긴다. 전입신고 및 확정일자는 최우선으로 해야 한다. 가까운 행정복지센터에서
등록하거나 정부24 사이트 및 대법원 인터넷등기소에서 가능하다. 전세보증금 및
월세보증금은 최우선변제금 아래로 잡는 것이 좋다. 전세보다는 월세를 통해 최우
선변제금 아래로 잡는 것을 추천한다.
부득이하게 전세로 계약하게 될 시에는 해당 물건의 등기부등본을 발급받아 본다.
근저당채권의 금액과 현재 전세보증금을 합산해서 매매금액보다 높은, 좀 더 안전
한 물건을 계약하는 것이 좋겠다.

MEMO

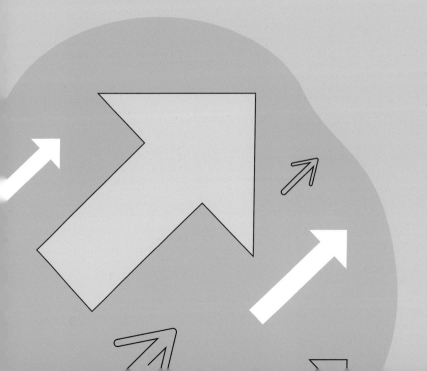

재개발
소액 투자

경매 스터디 모임 후 상가주택이라는 수익이 나는 모델이 나오자 사람들이 더 열정적으로 변하기 시작했다.

모임을 개최할 때는 참여 인원이 3명이라 소소하게 시작했지만, 어느새 입소문이 돌았는지 2개월이 지나자 18명으로 늘어났다. 인원이 늘어난 만큼 공동으로 투자하면 소액으로 입찰이 가능한 물건들이 눈에 띄게 많아졌다. 가까이에 있는 물건 중 하나가 눈에 유독 들어왔다.

말도 많고, 탈도 많은 재개발 토지다. 일단 우리의 활동 무대가 포항이라 여기에 흘러가는 스토리를 잘 알 수 있었다. 2년 전에 관리처분이 됐지만, 비상대책위원회(이하 비대위)가 생기는 바람에 원시 공사인 포스코건설 계약이 해지되며 현장이 좌초된 상황이었다.

경매 정보지

경매 **2021타경3114**

진행내역 : 경매개시 72일 배당요구종기일 227일 최초진행 0일 매각 31일 납부 28일 배당종결(358일 소요)

포항지원 5계(054-250-3221)

대지
토지만 매각이며,지분 매각임 / 법정지상권,임차권등기,대항력 있는 임차인

매각기일 **2022.06.13** (월)(10:00)

경상북도 포항시 북구 장성동   새주소검색
(도로명주소:경북 포항시 북구 삼흥로69번길

토지면적	213㎡(64.433평)	소유자	이경	감정가	144,477,900
건물면적	건물은 매각제외	채무자	이경	최저가	(100%) 144,477,900
개시결정	2021-08-18 (임의경매)	채권자	이동	보증금	(10%) 14,447,790

관련사진   관련사진

오늘 : 1 누적 : 79 평균(2주) : 0

| 구분 | 매각기일 | 최저매각가격 | 결과 | 비고 |
| 1차 | 2022-06-13 | 144,477,900 | | |

사진 ▼   지도 ▼

출처 : 탱크경매(이하 경매 정보 동일)

위치도

이런 상황에서 재개발 토지를 매입한다는 것은 용기와 결단이 필요했다. 하지만 우리는 재개발 조합원들이 현시점을 받아들일 리가 없다고 판단을 했다. 시공사가 계약해지가 되면 당연히 그에 대한 손해배상을 현 조합원들에게 묻기 때문이다. 조합원 중 자신들의 재산이 손해가 되는 것을 원치 않기 때문에 비대위의 입장을 반대하는 사람들이 있을 것이라고 봤다.

포스코건설 계약 해지 기사

포항장성재개발 시공자 해지 '일파만파'…포스코

👤 김인규 기자 | ⏱ 입력 2021.12.09 11:01 | ⏱ 수정 2021.12.09 15:40 | 🗨 댓글 0

'시공사 입찰 중지가처분' 신청, 결과에 따라 파문 클 듯

법적다툼 조합원에 대형 악재로 작용…사업차질 불가피

당초 장성동재개발지구에 계획됐던 포스코건설 '더샵' 조감도. 사진 : 다음 이미지 캡쳐

[대구 경북 = 데일리임팩트 김인규 기자] 포항장성재개발조합이 새로운 시공사 선정에 나선 가운데 시공자 지위가 해지된 포스코건설이 법적대응에 나섰다.

출처 : 데일리임팩트

[속보] 법원, 포항 장성동 주택재개발사업 "포스코건설 시공사 지위 인정"

주민들, 이번 법원 판결 반기며 "신속한 사업진행 기대"

오주호 기자(=포항) | 기사입력 2022.02.25. 10:30:42 최종수정 2022.02.25. 10:30:53

포항 장성동 재개발 조감도

출처 : 프레시안

2022년 2월 5일 자 기사로 포스코건설 시공사 지위를 인정하는 판결이 나왔다. 물론 현 부동산 토지가 나온 6월에도 조합원과 비대위가 의견이 갈렸지만, 결국 조합원의 의견대로 포스코건설과 계약할 가능성이 높다고 판단해 투자에 임하기로 했다.

일단 부동산 매물이 조합원 입주권을 받는지, 현금청산을 받는지를 알아야 한다. 관리처분이 난 재개발 사업 단지이므로 조합사무실에 직접 전화를 했다.

"안녕하세요, 재개발 지역 매물을 매입하려고 하는데 장성동 866-00번지 조합 입주권이 나오나요?"라고 이야기하자 전화를 받은 여직원이 왜 물어보냐는 식으로 퉁명스럽게 답변했다. 우리는 내용을 알아야 입찰을 할 수 있기 때문에 최대한 상냥하게 좀 알려달라는 식으로 이야기했다. 여차여차 말하면서 조합 입주권이 아닌 현금청산물건이라는 것을 알게 되었다.

현금청산금액이 얼마인지 담당자에게 물어봤지만, 현재 모든 상황이 비확실하다고 얼마인지 알려줄 수 없다고 했다. 이런 말을 들으면 대부분 포기하게 되지만 끝까지 물어봤다.

우리의 끈질김에 지쳤는지 전에 감정평가액이 평당 300만 원 이상은 나왔으며, 현재는 그 감정평가액이 맞지 않아 재감정평가를 한다고 이야기했다.

중요한 정보를 다 알았으니 이제 입찰을 준비해야 한다. 일단 담당자가 이야기한 감정평가액은 적어도 5년 전 가격이고 다시 감정하면 그 이상의 감정평가가 나온다는 것을 확신할 수 있었다.

〈평당 300만 원 청산액일 때〉
현금청산금액 : 64.433평(토지 면적) × 3,000,000원 = 193,299,000원

주변 탐사와 현재 거래되는 가격을 역산하기 시작하니 현금청산금액이 적어도 평당 400만 원 이상은 나올 것이라 예상되었다.

청산금액을 알게 되었으니 이제 물건에 대한 하자 사항을 정리해야 한다. 경매 정보지에 빨간 글씨로 3개가 붙어 있다. 법정지상권, 임차권등기, 대항력 있는 임차인 3개가 물건에 대한 하자다. 법정지상권에 경우 해당 토지를 매입하면 위에 건물이 안착이 되어 있으니 토지를 내 뜻대로 사용할 수 없다는 것이다.

하지만 이번 경우는 법정지상권에 신경을 쓰지 않아도 된다. 왜냐하면, 토지를 매입하고 재개발 조합에 감정평가액대로 현금을 받고 팔기만 하면 되기 때문이다. 그러니 건물이 있어서 토지를 사용하지 못한다는 초점을 둘 필요가 전혀 없다. 하지만 임차권등기, 대항력 있는 임차인은 다른 문제다. 등기사항을 다시 한 번 천천히 살펴본다.

임차인 현황

임차인 현황

말소기준일(소액) : 2008-10-06 배당요구종기일 : 2021-10-29

목록	임차인	점유부분/기간	전입/확정/배당	보증금/차임	대항력	분석	기타
1	장재	주거용	전입: 2007-07-02 확정: 미상 배당: 없음	미상		배당금없음 보증금 전액 매수인 인수 대항력 여지 있음 (전입일 빠름).	점유자
2	하전	주거용 주택 중 2층 68.92㎡ 전부 2007.06.24.~	전입: 2007-07-02 확정: 2007-06-19 배당: 없음	보증금25,000,000원	있음	배당금없음 보증금 전액 매수인 인수	주택임차권자

토지등기 (채권합계금액 : 2,725,960,712원)

순서	접수일	권리종류	권리자	채권금액	비고	소멸
갑(1)	1986-11-19	소유권이전	이경		매매	
갑(2)	1987-03-04	이경 지분일부이전	이영		매매, 99/312	
을(3)	2008-10-06	갑구1번이경 지분전부근 저당권설정	이동	130,000,000	말소기준등기	소멸
갑(6)	2010-04-20	1번이경 지분가압류	(주)성 종합건설	1,300,000,000	2010카단840	소멸
갑(7)	2010-05-31	1번이경 지분가압류	김종	79,000,000	2010카단1203	소멸
갑(8)	2010-06-04	1번이경 지분가압류	티센크루프엘리베이터 코리아(주) (채권관리팀)	79,200,000	2010카단1228	소멸
갑(9)	2010-06-30	1번이경 지분가압류	이은 외 1명	494,232,000	2010카단1383	소멸
갑(10)	2010-11-04	1번이경 지분압류	포항세무서			소멸
갑(13)	2012-06-21	1번이경 지분가압류	서울보증보험(주)	37,652,000	2012카단1376	소멸
갑(15)	2012-10-31	1번이경 지분압류	포항시(북구)			소멸
갑(16)	2016-06-08	1번이경 지분가압류	정해	605,876,712	2016카단735	소멸
갑(17)	2021-08-18	1번이경 지분임의경매개 시결정	이동	청구금액 130,000,000	2021타경3114	소멸
갑(18)	2021-08-23	1번이경 지분압류	국민건강보험공단 (포항북부지사)			소멸

　토지등기에 2008년 10월 6일 근저당설정 1억 3,000만 원이 있었다. 임차인 현황에서 임차인이 장재○, 하전○ 2명인데 2007년 7월 2일 전입이 되어 있다.

　근저당보다 임차인들이 전입을 먼저 했고 임차인들이 배당을 신청하지 않았기 때문에 낙찰자가 임차인들의 보증금을 인수해야 한다.

　여기서 또 알아야 할 것은 장재○은 보증금을 알 수가 없고, 하전○은 보증금 25,000,000원을 받을 것이 있다고 신고를 해놓은 상황이다. 두 사람의 전입이 같은 날에 이루어진 것을 봐서 부부 사이일 것이라고 의심은 해보지만 확실한 것이 좋으니 현장으로 갔다. 현장에 가자마자 기웃기웃하고 있으니 2층에서 인기척이 났다. 아래층에서 소리 높여 인사를 건넸다.

"안녕하세요, 선생님 계신가요?"

말을 걸기 무섭게 2층 난간에서 빼꼼히 어떤 아주머니가 고개를 내밀었다. 무슨 일이냐고 묻기에 바로 본론으로 이야기한다.

"혹시 장재○, 하전○ 선생님 아시나요? 여기에 거주한다고 나와 있어 찾아왔습니다."

아주머니가 친절히 답변을 해주기 시작한다. 그 사람들은 옆에 작은 아파트로 벌써 이사했다고 이야기한다. 그리고 재개발 때문에 왔냐고 나에게 되물어보기 시작한다.
"네. 재개발 사업 때문에 왔습니다. 여기 물건이 매물로 나와서 알아보려고 왔습니다. 혹시 그 두 분은 부부 사이인가요?"

질문에 대답을 해주고 바로 물어보니 둘이 부부 사이라고 이야기해줬다. 이제 알고 싶은 부분은 다 알았으니 정중하게 인사를 건네고 현장에서 돌아왔다. 서류상 아무리 뒤져도 알 수 없는 부분은 현장에 가서 물어보면 10분 안에 해결되는 경우가 많다.

이제 낙찰을 받으면 얼마를 인수해야 하는지 역산을 해봤다. 보증금 25,000,000원 중 경매에 나온 토지가 전체 필지에 3분의 2 지분토지이기 때문에 건물 부분을 빼고 토지만으로 계산해봤다. 25,000,000 × 2/3를 계산하니 16,666,700원 정도에 인수를 한다고 보면 되었다. 인수금액과 청산금액을 알았으니 이제 낙찰가를 산정해야 한다.

경매 **2021타경3114**

포항지원 5계(054-250-3221)

진행내역 : 경매개시 72일 | 배당요구종기일 227일 | 최초진행 0일 | 매각 31일 | 납부 28일 | 배당종결(358일 소요)

| 대지 | 토지만 매각이며,지분 매각임 / 법정지상권,임차권등기,대항력 있는 임차인 | | 매각기일 : 2022.06.13 (월)(10:00) |

경상북도 포항시 북구 장성동   새주소검색
(도로명주소:경북 포항시 북구 삼홍로69번길

토지면적	213㎡(64.433평)	소유자	이경	감정가	144,477,900
건물면적	건물은 매각제외	채무자	이경	최저가	(100%) 144,477,900
개시결정	2021-08-18 (임의경매)	채권자	이동	보증금	(10%) 14,447,790

오늘: 1 누적: 87 평균(2주) : 0

구분	매각기일	최저매각가격	결과	비고
1차	2022-06-13	144,477,900		

매각 155,520,000원 (107.64%) / 입찰 1명 / 포항시 북구 정원

매각결정기일 : 2022-06-20 - 매각허가결정

지급기한 : 2022-07-15

납부 : 2022-07-14

배당기일 : 2022-08-11

배당종결 : 2022-08-11

낙찰금액은 155,520,000원으로 정해 입찰했다. 인수금액을 생각해도 8,000만 원 이상이 수익이 나기 때문에 이 금액을 정했는데, 단독이었다. 1명 정도는 입찰에 들어올 것으로 생각을 했는데 아무도 입찰을 하지 않았다. 또한, 1년 안에 현금청산이 진행이 될 것으로 보여 낙찰금액을 최저가에서 조금 더 올려 적었다. 여기서 제일 중요한 포인트는 11명 공동입찰을 했다는 것이다. 11명이나 들어가면 다툼이 날 것이라 여기는 사람들도 있을 것이다. 하지만 이 매물은 공동입찰을 해서 수익을 극대화한 것이다.

첫 번째는 세금 문제다. 1년 안에 매입한 부동산이 매각하면 양도소득

세만 77%이기 때문에 차익분이 다 세금으로 나가게 된다. 예를 매각 후 80,000,000원 차익 들어 오게 되면 양도소득세만 61,600,000원이 발생하게 된다. 결국, 세금만 내고 실익이 크지가 않다. 11명이 공동매입해 1년 안에 매각하게 되면 똑같이 양도소득세만 77%로 내지만 차이점이 있다.

1인당 1년에 한 번, 양도차익 시 비과세 2,500,000원이 발생한다. 결국, 비과세 혜택을 받는 금액이 2,500,000원 × 11명 = 27,500,000원이다. 52,500,000원에 대한 양도차익에 대한 세금을 내면 되니 양도소득세가 40,425,000원으로 약 20,000,000원이 줄어드는 혜택을 받을 수가 있다.

두 번째 장점은 1인당 본인부담금이 작아진다는 것이다. 낙찰가 155,520,000원인데 1명이 낙찰받았다면 자신이 가지고 있는 현금으로만 잔금을 내야 한다. 이 물건은 토지 필지 중 일부 지분만 나온 물건이라 대출이 일어나지 않기 때문이다. 아무리 1년 안에 매각이 된다고 하지만 자신이 가지고 있는 현금 155,520,000원을 한 물건에 다 넣어서 기다리는 건 쉽지가 않다. 11명이 공동낙찰을 했기 때문에 부담 또한 11곳으로 분산이 된다. 1인당 들어가는 비용이 14,138,200원 정도 들어가며 취득세 비용을 합한다고 하더라도 큰 부담이 되지 않았다. 부담이 적으면 보유하기가 편해지니 다툼의 여지 또한 적어진다.

세 번째는 현금청산 물건이라는 것이다. 부동산 매입 후 사람마다 매각 금액을 다르게 생각할 수 있다. 하지만 이 부동산 물건 같은 경우에는 현금청산금액이 정해져 있기 때문에 공동 투자자들의 매각금액으로 다툼이 일어날 수가 없었다. 자기 지분만큼 정해진 금액을 가져가기 때문이다. 지분도 똑같이 배분했기 때문에 다툼의 여지는 없었다.

하지만 문제는 잔금을 지불할 때 일어났다. 우리는 분명히 토지를 매입했지만, 법이 최근 개정이 되면서 토지를 매입하더라도 토지 위에 주택이 있으면 주택 취득세를 내라는 것이었다.

공동 투자한 사람마다 다들 주택 수가 달라 취득세가 1.1~13.2%까지 널뛰기를 했다. 각자의 지분에 맞게 취득세를 냈으며 어차피 양도소득세 부분에서 제해지는 금액이라 큰 상관이 없었지만, 개인적으로 세법이 너무 말도 안 된다는 생각은 들었다.

2022년 12월 12일에 보도된 기사다. 비대위가 어느 정도 정리가 되었고 원시공업체가 다시 선정되었다. 빨리 마무리가 되길 기원한다.

포항시 장성동재개발지구, 포스코·태영건설 재선정

임시총회서 포스코건설, 태영건설 시공사로 재선정
조합과 시공사 협력해 나가기로 약속

박진호 기자 | 입력 2022-12-12 16:56 | 수정 2022-12-14 11:40

▲ 지난 10일 포항장성교회에서 장성재개발정비사업조합 임시총회가 열리고 있다.ⓒ뉴데일리

포항시 장성동 주택재개발정비조합(조합장 우상욱)이 지난 10일 오후 장성교회에서
임시총회를 열고 포스코건설(더샵), 태영건설(데시앙)을 다시 시공사로 선정하면서
그동안 답보상태였던 사업이 다시 탄력을 받게 됐다.

출처 : 뉴데일리

경매 배당순위

1. 경매 집행비용 : 경매 집행에 필요한 비용과 경매 목적물에 들어간 필요비와 유익비까지 포함한 총 경매 집행비용
2. 최우선 변제권(소액보증금, 선순위 임금채권) : 주택임대차보호법에 의해 소액보증금 임차인은 최우선 변제가 가능하고, 근로기준법에 의한 근로자 임금채권이 최우선 변제권에 포함된다.
3. 당해세(국세, 지방세) : 상속, 증여, 재평가세, 재산세, 종토세, 도시계획세 등 경매 목적물 자체에 부과된 세금
4. 우선변제권(대항력을 가진 선순위 임차권) : 소멸기준 전 등기된 저당권, 전세권 등에 의한 채권 또는 확정일자를 갖춘 임차보증금
5. 일반 임금채권 : 선순위 임금채권 이외의 임금채권
6. 일반 조세채권 : 소유자에 대한 세금 및 체납처분비/가산금 등
7. 공과금 : 건보료, 연금보험료, 고용보험료 등
8. 일반채권 : 가압류, 가처분 등의 일반채권

빌라왕 및 전세 사기와 관련되어 사회적으로 이슈가 되자 임차인의 주택임차보증금 보호 강화를 위해 2023년 4월 1일 이후 매각결정(공매) 또는 매각허가 결정(경매)하는 분부터는 당해세 우선 예외가 적용된다.

〈당해세 우선 예외 적용 방식〉

	배분 총액 ───▶ (변제 순서)			
현행	법정기일이 늦은 당해세	저당권	주택임차보증금	
개선	주택임차보증금	저당권	주택임차 보증금	법정기일이 늦은 당해세

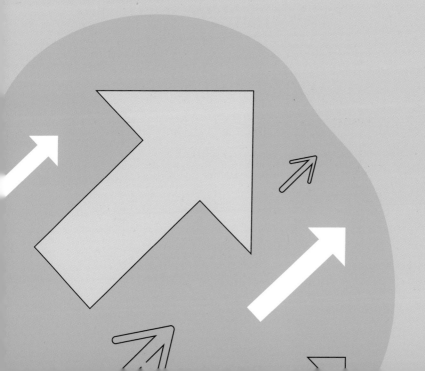

밥집 거리
토지 투자

투자에 열중하다 보니 뜨거운 여름이 성큼 다가왔다. 날씨가 더우니 임장을 조금만 다녀도 온몸이 땀으로 흠뻑 젖는다. 이렇게 임장이 다니기 힘들 때, 좋은 물건을 저렴한 가격에 낙찰받을 수 있다는 것을 경험상 알고 있다. 그러니 이런 날일수록 더더욱 열심히 임장을 다녀야 한다.

경매 정보지를 검색하다 보니 유독 눈에 띄는 토지가 있었다. 위치도를 보니 대로변을 길게 물고 있고 각지에 있는 토지다. 변지보다 각지가 인기 있는 것은 건축하게 되면 같은 크기의 건물을 짓더라도 전면부가 잘 보여 같은 면적의 건물을 짓더라도 확연히 크게 보인다는 것이다.

경매 2021타경3190

포항지원 3계(054-250-3219)

진행내역 : 경매개시 72일 배당요구종기일 234일 최초진행 28일 매각 32일 납부 27일 배당종결(393일 소요)

| 대지 | 토지만 매각(제시외기타제외) | | | 매각기일 2022.07.25 (월)(10:00) |

경상북도 포항시 남구 인덕동 새주소검색
(도로명주소:경북 포항시 남구 인덕로37번길)

토지면적	783㎡(236.858평)	소유자	이순	감정가	564,543,000
건물면적		채무자	전광	최저가	(70%) 395,180,000
개시결정	2021-08-25 (임의경매)	채권자	포항농협	보증금	(10%) 39,518,000

전체보기 ▼

오늘 : 1 누적 : 81 평균(2주) : 0

구분	매각기일	최저매각가격	결과	비고
1차	2022-06-27	564,543,000	유찰	
2차	2022-07-25	395,180,000		

위치도   개황도

출처 : 탱크경매(이하 경매 정보 동일)

위치도

경상북도 포항시 남구 인덕동

이 토지 주변을 보면 1층 단독으로 상가가 많이 형성되어 있다. 평일 점심시간에는 이 인근에 차를 주차하기가 힘들다. 이유는 주변이 다 밥집 거리로 형성이 되어 있기 때문이다. 토지 위치에서 북쪽과 서쪽으로는 공단들이 있으며 밑으로는 주거단지들이 있었다.

여기에 오는 사람 대부분이 공단에서 일하는 근로자들이다. 남쪽으로는 주거단지들이 형성되어 있는데 주말에는 이쪽으로 외식을 오시는 분들도 간간이 눈에 띈다. 또한, 토지 바로 밑에 1,700세대나 되는 대단지 아파트를 분양했다.

이 아파트가 준공이 끝나고 세대에 인원이 들어오기 시작하면 경매에 나와 있는 토지 주변 밥집이 더 잘될 것이다.

현장에 나가 토지 임장을 하는 중 어느새 점심시간이 되었는지 사람들이 몰려왔다. 토지의 모습 또한 네모반듯하고 바로 뒤편에는 나홀로 아파트가 있어 현 토지에 상가나 다가구주택을 건축하면, 공실 문제는 걱정하지 않아도 될 것으로 보였다.

주변 시세도 조사해보니 제일 위치가 좋지 않은 토지가 평당 300만 원 이상을 하고 있었고, 바로 앞에 토지가 평당 600만 원에 최근에 거래가 되었다. 시세 조사가 끝났으니 이제 입찰을 해야 한다.

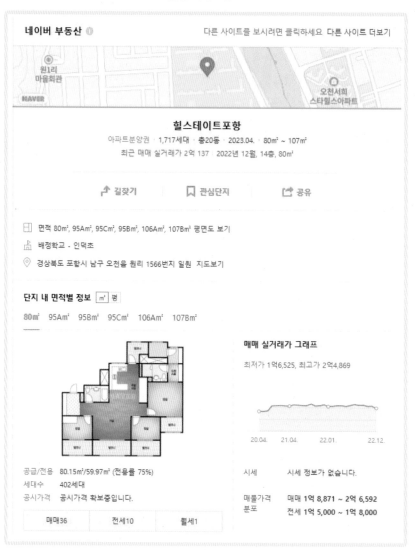

출처 : 저자 작성

입지가 너무 좋은 토지라 꼭 낙찰받고 싶었다. 많은 고민 끝에 평당가 202만 원에 입찰을 결정했고 좋은 토지라 경쟁자가 많을 것으로 예상했다. 하지만 막상 결과가 발표되니 단독으로 478,420,000원에 낙찰을 받게 되었다. 보이지 않는 경쟁자를 이기려고 많은 눈치싸움을 했는데 고민이 무색해지는 순간이었다. 여름휴가 시즌이라 돈 벌러 법원에 오는 것보다 여가를 즐기러 간 사람들이 많은 모양이다.

토지 지목이 전, 답, 과수원이면 낙찰이 되더라도 농지취득자격증명원을 발급받지 않으면 소유권 이전이 불가능하다. 하지만 현 토지는 토지의 지목이 대지라 낙찰 후 농지취득자격증명원을 발급받지 않아도 소유권 이전이 가능하다.

소유권 이전 시 낙찰가의 80%를 대출할 수 있어 382,000,000원을 근저당으로 잡고 5명이 공동으로 매입했다. 소유권 이전까지 개인당 약 20,000,000원이 들어갔다.

현 토지에 매각이 되지 않은 제시 외 컨테이너가 있어 전 소유자와 협의해야 했다. 전 소유자의 연락처를 근처에 탐방으로 알게 되어 바로 전화를 했다.

"안녕하세요, 선생님. 이번에 선생님 토지를 낙찰받은 사람입니다. 여기 컨테이너가 토지를 점유하고 있는데 언제쯤 치워주실 수 있나요?"

이야기를 건네자 전 소유자가 할 이야기가 많은 듯 30분간 자신의 이야기를 한다. 들어주다 보면 원하는 정보를 얻을 수 있으니 가만히 듣고만 있었다.

결론은 자신들이 컨테이너 옮기는 곳을 알아보고 있으니 12월까지는 시간을 달라는 거였다. 현 토지에는 빌라를 건설해 분양할 계획이었는데 지금 상황이 여의치가 않아 토지가 경매에 나온 것이라고 했다. 자신들이 빌라 설계도서가 있으니 빌라를 건설할 계획이면 자신들의 설계도서를 매입해가면 안 되냐고 되물었다. 현 토지는 건설보다는 건축업자에게 매각을 진행할 계획이기 때문에 전 소유자의 제안을 거절했다.

현 토지는 2년간 잘 보유하고 있다가 평당 400만 원 이상에 매각을 진행할 계획이다. 현 토지의 주변 밥집들이 더욱더 번창하길 바란다.

주변 상가

출처 : 네이버 지도

부동산을 고를 때 매물의 가격 비교는 필수적이다. 정확한 기준점을 잡으려면 시세를 알아야 하는데 경매를 할 때도 마찬가지다. 정확한 시세를 알아야 입찰가 및 낙찰가를 산정할 수 있다.

부동산 중에서 아파트는 같은 평형대와 동호수 별로 차이가 약간 나기는 해도 토지만큼은 시세가 차이나지 않는다. 토지는 같은 평수의 비슷한 위치라도 가격 차이가 천차만별이며 토지를 처음 투자하시는 분들은 시세 조사하기가 쉽지 않기에 토지 시세 조사하는 방법으로 약간의 팁을 드린다.

1. 디스코 사이트 : 해당 매물 인근 토지 시세를 잘 보여주며 거래 일자가 나와 있어 언제 얼마에 거래되었는지 알 수 있다. 평당가격으로 되어 있어 원하는 매물의 평당가격을 대략 유추할 수 있다.

2. 네이버 부동산(지역 매물사이트) : 가장 많이 쓰는 네이버 부동산 사이트에서 '토지'를 선택하면 해당 지역에서 현재 매도하고 있는 토지 매물을 바탕으로 시세를 유추해볼 수 있다. 매물은 호가이므로 거래가 되지 않은 상황을 감안해 시세를 조사하자.

3. 토지이음 사이트 : 해당 토지의 지목, 용도지역, 용도지구, 용도구역을 알 수 있으며 비슷한 위치에 있는 토지라도 지목, 용도지역, 용도지구, 용도구역에 따라 가격이 천차만별일 수가 있다. 도로에 대한 정확한 내용 확인이 가능하며 향후 계획도로에 관한 내용도 나와 있어 토지를 매입할 때 꼭 봐야 할 사이트다.

4. 현장확인(공인중개소 확인) : 손품을 통해 토지에 대한 대략적인 시세를 유추했지만, 현장 조사를 통해 해당 토지의 분위기, 냄새, 인근 환경 등은 현장을 가봐야만 알 수 있는 것들이 있다. 가능하다면 현장 중개사무소에 방문해 인근 토지 시세와 개발 호재 등을 알아본다면 꽤 정확한 토지 시세 분석이 가능할 것이다.

출처 : 토지이음 사이트

출처 : 네이버 부동산

출처 : 디스코

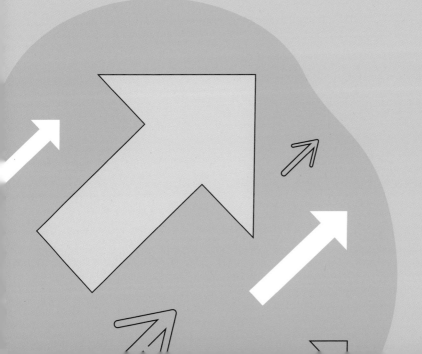

수익형 부동산
모텔 투자

전국적으로 코로나19로 인해 소상공인들이 매출이 일어나지 않아 운영이 힘들게 되었다. 그중 모텔도 코로나19로 인해 큰 타격을 입었다.

이번 경매에 나온 모텔은 포항 외곽지역 중 한 곳이다. 하지만 매출이 충분하게 올라올 수 있는 입지에 있는 모텔이었다.

위치도를 보면 7번 국도에 청하농공단지 바로 위쪽에 있는 매물이었다. 주변에 일자리도 중요하지만 7번 국도의 유동성이 아주 중요했다. 이 도로는 동해바닷가를 보면서 달리는 국도라 평일에도 교통량이 많지만, 주말에는 교통량이 더더욱 많았다.

또한, 모텔의 위치에서 10분 정도 남쪽으로 내려가면 1만 세대 이상의 아파트가 분양되었고 외곽지 새 아파트라 신혼부부가 많은 곳이기도 했다.

경매 **2021타경2760**

진행내역 : 경매개시 76일 배당요구종기일 221일 최초진행 91일 매각 29일 납부 37일 배당종결(454일 소요)

포항지원 4계(054-250-3220)

숙박시설   토지·건물 일괄매각

매각기일 **2022.08.01 (월)(10:00)**

경상북도 포항시 북구 청하면 하대리   새주소검색
(도로명주소:경북 포항시 북구 청하면 청하로   )

토지면적	1805㎡(546.013평)	소유자	강명	감정가	1,618,408,200
건물면적	714.6㎡(216.167평)	채무자	강명	최저가	(34.3%) 555,114,000
개시결정	2021-07-09 (임의경매)	채권자	영덕농협	보증금	(10%) 55,511,400

전체보기 ▼   오늘 : 1 누적 : 206 평균(2주) : 0

구분	매각기일	최저매각가격	결과	비고
1차	2022-05-02	1,618,408,200	유찰	
4차	2022-08-01	555,114,000		

관련사진   관련사진

출처 : 탱크경매(이하 경매 정보 동일)

경상북도 포항시 북구 청하면 하대리

위치도에 빨간색 동그라미가 2년 전 입주한 아파트다. 성곡 IC 밑으로 포항 KTX 역사가 있다. 이 지역 인근에도 아파트가 5,000세대 이상은 더 들어올 예정이다.

우측 옆으로는 포항법원을 중심으로 3만 세대 이상의 아파트 주거밀집 지역이 있다. 좌측 옆으로는 펜타시티라는 도심을 분양하고 있어 준공되면 그 위치에도 1만 세대 이상의 주거단지가 생길 예정이다.

포항 KTX 지구

출처 : 저자 작성

모텔에서 10분 정도 걸리는 거리에 주거단지들이 많이 생기니 미래에는 현재의 매출보다 더 많아질 수밖에 없다. 주변을 다 조사했으니 직접 현장에 가서 모텔 수요도를 조사해야 한다.

평일 낮에 가서 모텔 수요조사를 하고 있는데 모텔 주변 도로에는 유동 차량이 상당히 많았다. 10분 정도 모텔 밖에서 주변 사진을 찍고 있으니 차가 2대나 들어갔다. 생각보다 수요가 있는 모텔이라 느끼고 모텔에 걸어 들어가 격실을 가리고 있는 천막을 살짝 열어 차량이 있는 것 살펴봤다. 15격실을 다 확인해보니 차량이 들어가 있는 격실은 5격실이었다. 들어온 인원이 대실이라고 해도 하루에 10만 원은 확보가 된다는 생각이 들었다.

모텔 주차장

출처 : 저자 작성

현장조사를 마쳤으니 이제 입찰가를 산정해야 한다. 유찰이 3번이나 일어나 감정가 대비 34%까지 떨어져 555,114,000원으로 나와 있다. 하지만 이 가격에 낙찰이 된다는 것은 무리라는 것을 알고 있었다. 이 모텔이 깔고 앉아 있는 토지 면적이 546평이며 토지 가격만 해도 6억 원이 넘어가기 때문이다. 낙찰가 고민 끝에 전회차 793,020,000원을 약간 넘겨 803,200,000원으로 정하고 입찰을 했다.

2등과는 400만 원가량 차이로 낙찰을 받게 되었다. 낙찰가는 산출한 수익성을 고려해서 입찰가를 정한 것이지만, 이렇게 2등과 얼마 차이가 나지 않으면 좀 더 짜릿하다. 경쟁자들의 매수 심리를 읽고 낙찰받았기 때문이다. 이제 이 모텔의 문제점이자 가장 힘든 부분이 남아 있다. 모텔을 임차해 운영하는 임차인을 내보내야 한다.

임차인 현황

말소기준일(소액) : 2018-12-31   배당요구종기일 : 2021-09-23

목록	임차인	점유부분/기간	전입/확정/배당	보증금/차임	대항력	분석	기타
1	이자	점포 1,2층,11㎡ 2020.02.01~2022.01.30.	사업:2020-01-31 확정:미상 배당:없음	보:200,000,000원	없음	배당금 없음	임차인

기타사항	* 본건에 임하여 현장을 방문하였으나 점유자 및 이해관계인 등을 만나지 못하여 출입문에 안내문을 남겨 두었으나 보고서 작성 전까지 아무런 연락이 없었으며, 상가건물임대차 현황서를 열람한바 '이자민(2020.01.31)'이 등재되어 있으며 전입세대 열람내역을 확인한바 '해당주소의 세대주가 존재하지 않음'으로 표기되어 있음 * 이자민 : 상가건물임대차현황서에 의함

건물등기

(채권합계금액:1,510,400,000원)

순서	접수일	권리종류	권리자	채권금액	비고	소멸
갑(3)	2016-04-07	소유권이전	강명		매매, 2016년6월30일 가등기에 기한 본등기 이행	소멸
을(14)	2018-12-31	근저당권설정	영덕농협	1,310,400,000	말소기준등기	소멸
을(16)	2019-05-14	근저당권설정	이자	200,000,000	확정채권양도전:박은	소멸
갑(8)	2021-07-09	임의경매	영덕농협	청구금액 1,129,368,904	2021타경2760	소멸
갑(9)	2022-07-11	압류	거제시			소멸

토지등기

(채권합계금액:1,510,400,000원)

순서	접수일	권리종류	권리자	채권금액	비고	소멸
갑(13)	2016-04-07	소유권이전	강명		매매, 2016년6월30일 가등기에 기한 본등기 이행	소멸
을(42)	2018-12-31	근저당권설정	영덕농협	1,310,400,000	말소기준등기	소멸
을(44)	2019-05-14	근저당권설정	이자	200,000,000	확정채권양도전:박은	소멸
갑(18)	2021-03-03	압류	포항시			소멸
갑(19)	2021-07-09	임의경매	영덕농협	청구금액 1,129,368,904	2021타경2760	소멸
갑(20)	2021-09-02	압류	국민건강보험공단 (거제지사)			소멸
갑(21)	2022-07-11	압류	거제시			소멸

기타사항	▶ 청하로

임차인 보증금 200,000,000원을 돌려받지 못하는 상황이 발생했다. 임차인이 전입한 일자보다 은행 근저당 1,310,400,000원이 빨라 낙찰자가 잔금을 지불하게 되면 은행 근저당이 배당을 먼저 받게 된다.

소유자가 경매 진행 전 은행 채권금액을 일부를 갚아 은행에서 청구한 금액이 1,129,368,904원이지만 우리가 803,200,000원에 낙찰받았다. 그 러므로 은행이 배당을 받아가면 후순위로 근저당을 설정한 임차인은 한 푼도 받지 못하는 상황이었다.

이제 임차인을 직접 만나서 이야기해야 한다. 낙찰 후 다음날 모텔로 달 려가 임차인에게 상황을 설명했다. 우리가 낙찰을 받았으니 잔금 전에 이 사하셔야 한다고 했다. 어떻게 하실 건지 이야기를 풀어나가니 임차인은 자신이 손해가 막심하다고 이사비를 요구하기 시작한다. 임차인이 이사비 요구를 할 줄 알았기 때문에 법률대로 이야기를 진행한다. 그들의 요구를 들어주기 시작하면 한도 끝도 없이 요구하기 때문이다.

"선생님은 현재 대항력이 없는 임차인입니다. 우리가 돈을 내줄 의무는 없습니다. 소유권 이전을 하면 선생님이 부당이득으로 현 모텔을 점유하 고 있기 때문에 이전 후에는 소유자에게 감정가 1% 정도의 금액을 매달 주셔야 합니다."

감정가가 1,618,408,200원이니 매월 1%이며 16,000,000원이 된다. 임 차인 입장에서는 보증금 200,000,000원에 월세 2,000,000원을 내는 처지 여서 깜짝 놀랐다. 그런 법이 어디 있냐고 우리에게 따져 물었다. 대부분 부당이득판결까지 가면 감정가에 월 1% 정도 금액으로 떨어지니 잘 생각 하시고 이야기를 해달라고 하고 그날은 모텔에서 나왔다. 일주일이 지나도 임차인에게 연락이 오지 않아 직접 전화를 걸었다.

"선생님, 저번에 낙찰 건으로 방문을 드렸던 사람입니다. 어떻게 생각은 해보셨나요?"

이야기를 건네자 임차인은 자신의 모텔 영업허가권과 모텔 안에 집기류를 들먹이면서 이사비 70,000,000원을 요구했다. 모텔 영업허가권은 이해가 되는데 집기류 부분까지 이야기하면서 자신이 받아가야 하는 정당한 권리라고 주장하는 것이 이해가 되지 않았다.

그리고 가장 중요한 핵심은 협의 비용이 너무 과했다. 요구하는 금액에 협의하느니 강제 집행을 하고 집기류를 새것으로 사는 것이 나을 듯 했다.

통화를 마치고 나서 잔금을 일찍 납부하고 강제집행하기로 마음을 먹었다. 먼저 임차인에게 낙찰 후 요구한 내용 그대로 내용증명을 보냈다. 내용증명을 작성하면서 한 가지 더 추가했다. 8월 29일에 소유권 이전을 하니 이전 이후 현 부동산을 사용하는 부당이득 부분 금액을 달라고 요구했다. 임차인이 내용증명을 받고도 무시할 것이라고 생각했다. 그래도 답변이 오기를 기다렸다.

이후 낙찰받은 부동산을 8월 29일 오전에 소유권 이전을 진행했다. 대출이 80%까지 진행이 되어 640,000,000원을 근저당을 잡고 보증금을 제한 나머지 금액과 취득세를 내니 현금 약 200,000,000원이 들어갔다. 소유권 이전을 완료한 후 바로 현장으로 달려갔다. 임차인도 우리가 소유권을 이전하고 바로 올지는 몰랐는지 자다가 일어난 차림으로 밖으로 나왔다.

"선생님, 내용증명으로도 보냈는데 이제는 소유자가 바뀌었습니다. 이사 날짜를 잡아주시던지, 부당이득금 매월 16,000,000원을 주셔야 합니다."

말을 붙이기가 무섭게 임차인이 우리에게 말을 쏟아내기 시작한다. 자기는 여기에 정이 다 떨어졌고 나가기를 원한다면서 "여기 매출이 얼마인지 알고 월에 16,000,000원을 달라고 하느냐? 이사비를 줘야 나갈 것이 아니냐?" 등 자기가 하고 싶은 말을 목소리를 높여가며 이야기했다. 상대방의 목소리가 올라가니 듣는 입장에서도 자연스레 목소리가 높아졌다.

"선생님, 이제 짐 챙기고 나가세요. 여기는 이제 다른 사람 소유물입니다. 보증금 없는 월세는 주셔야 합니다."

강하게 나가자 임차인도 당황했는지 112로 신고를 했다. 임차인이 우리를 영업방해로 신고를 하자 경찰이 5분 뒤에 도착했다. 경찰차에서 경찰관들이 내려 우리에게 무슨 일이냐고 이야기를 건넸다.

"여기 모텔을 저희가 낙찰받고 소유권 이전을 했는데 임차인이 불법점유를 하는 상황입니다."

답변하면서 관련 서류를 경찰관들에게 보여주었다. 경찰관들도 우리의 서류를 보고 임차인에게 형사사건이 아니라 민사사건이기 때문에 자신들이 관여할 수 없다고 이야기를 했다. 두 분이 이야기를 잘 나눠보시라고 말하며 철수했다.

임차인도 그제야 자신이 어떤 계획이 있는지 나에게 이야기를 하기 시작했다. 자신이 전 소유자에게 받을 보증금 200,000,000원이 있는데 현재는 받지를 못하고 있으니 모텔 집기를 가압류해 유체동산 경매를 진행하려고 한다면서 집기류 가압류 신청 서류를 보여줬다.

이후 담당 집행관 사무실에 전화해 집기류 가압류 신청을 했는데 담당자에게 언제 나와줄 수 있는지 물어봤다. 임차인이 전화통화가 끝나고 담당 집행관 사무실에서 다음 날 1시에 모텔 현장으로 온다고 하니 다시 오라고 이야기했다. 임차인의 확답을 받지 못했지만, 다음 날이면 어느 정도 윤곽이 나오지 않겠냐는 기대로 현장에서 철수했다.

다음 날이 되자 협상의 기대를 안고 모텔에 도착했다. 시간에 맞게 도착했는데 집행관들과 임차인들의 지인으로 보이는 사람들이 몇 명이 보였다. 차를 모텔 주변에 세우고 모텔 입구로 들어가려 하자 임차인 지인들이 당신들은 누구냐고 친절하지 못하게 말을 걸어왔다. 그래서 우리도 친절하지 않게 답변했다.

"우리는 모텔 주인인데 당신들은 대체 누구냐?"라고 말을 하자 별말 없이 출입구에서 비켜났다. 모텔에 들어가니 임차인이 집행관과 함께 모텔 집기류를 가압류하고 있었다.

우리가 모텔 관리실에 들어가니 집행관이 제삼자는 여기에 들어오실 수 없다면서 우리를 제지했다. 우리가 모텔 주인이라고 이야기해도 집행관이 들어올 수 없다고 이야기했다. 대신 임차인이 허락하면 집행하는 현장을 볼 수 있다고 했다.

임차인에게 현장에 있어도 되냐고 물어보니 임차인은 우리보고 나가라고 했다. 참으로 어처구니가 없는 상황이었다. 임차인이 자신이 오늘 우리가 와서 현장을 보라고 이야기해놓고 막상 본다고 하니 나가라는 심보는 무슨 심보인가 싶었다. 모텔 밖에서 기다리고 있으니 집행관은 할 일이 끝났는지 가버리고 임차인 지인들만 밖으로 나왔다. 임차인은 왜 나오지 않냐고 말하자 만나기 싫다고 나오지 않는다고 한다. 그리고 우리에게 집기류를 사줄 수 있냐고 이야기를 건넸다.

"선생님, 저희는 임차인이 제시한 금액에 인수하지 못한다고 말씀드렸습니다."

몇 번 더 비슷한 대화가 오고 가자 임차인이 협상하지 않고 무단으로 사용하겠다는 의지가 느껴졌다. 임차인 지인과의 대화를 일단락하고 현장에서 철수했다.

집기류 가압류

방 15개

이 물건은 압류물이므로
이를 처분 은닉하거나
이 표목을 파기하는 사람은
형벌을 받게 됩니다.

대구지방법원
집 행

명 칭(종 류)		수량	단액(싯가/1개)	합계금액(싯가)	비 고
1.T.V			금 450,000원	금7,650,000원	
2.컴퓨터(본체)			금 200,000원	금3,200,000원	
3.컴퓨터(모니터)			금 50,000원	금 850,000원	
4.침대매트리스			금 200,000원	금3,000,000원	
5.침대프레임			금 150,000원	금2,250,000원	
6.침대머리장			금 70,000원	금 560,000원	
7.우드시스템가구			금 300,000원	금4,500,000원	
8.원목화장대거울			금 70,000원	금1,050,000원	
9.욕실거울			금 40,000원	금 600,000원	
10.협탁		30	금 50,000원	금1,500,000원	
11.강화유리테이블	가로120cm세로65cm	15	금 200,000원	금3,000,000원	
12.쇼파		15	금 100,000원	금1,500,000원	
13.화장대의자		15	금 15,000원	금 225,000원	
14.전화기		16	금 10,000원	금 160,000원	
15.스리타입충전기		15	금 5,000원	금 75,000원	
16.수건트레이		15	금 10,000원	금 150,000원	
17.티슈케이스		15	금 8,000원	금 120,000원	
18.빗통		15	금 4,000원	금 60,000원	
19.욕실스텐휴지통		15	금 8,000원	금 120,000원	
20.객실휴지통		16	금 8,000원	금 128,000원	
21.통합리모컨		17	금 5,000원	금 85,000원	
22.드라이기		15	금 10,000원	금 150,000원	
23.커피포트(트레이셋트)		15	금 30,000원	금 450,000원	
24.선풍기		13	금 10,000원	금 130,000원	
25.객실화		70	금 3,000원	금 210,000원	
26.욕실화		30	금 2,000원	금 60,000원	
27.행거		15	금 10,000원	금 150,000원	
28.비품트레이		30	금 8,000원	금 240,000원	
29.전기매트		15	금 20,000원	금 300,000원	
30.방염블라인드	가로80cm세로150cm	15	금 15,000원	금 225,000원	
31.냉장고	LG카운터	1	금 200,000원	금 200,000원	
32.전자렌지	대우	1	금 50,000원	금 50,000원	
33.DVR(16채널)		2	금 200,000원	금 400,000원	
34.렌지다이		1	금 20,000원	금 20,000원	
35.공간박스		2	금 10,000원	금 20,000원	
36.청소카트		2	금 150,000원	금 300,000원	
37.업소용냉장고	아쿠아파인.진우	1	금 300,000원	금 300,000원	
38.린넨실철재선반(8단)		1	금 400,000원	금 400,000원	
39.분말소화기		23	금 10,000원	금 230,000원	
40.알미늄사다리		1	금 40,000원	금 40,000원	
41.철재의자		3	금 10,000원	금 30,000원	
42.컴퓨터의자		1	금 10,000원	금 10,000원	
43.드럼세탁기	LG스마트	1	금 300,000원	금 300,000원	
44.대형세탁기	은성	1	금5,000,000원	금5,000,000원	
45.건조기	삼성그랑대	1	금 800,000원	금 800,000원	
46.벽걸이에어컨	캐리어	16	금 200,000원	금3,200,000원	
				*.총액금43,998,000원	

*.소재지:포항시 북구 청하면 하대리   모텔 내.

출처 : 저자 작성

현장에서 임차인의 의지를 알았으니 우리도 의지를 보여줘야 했다. 다음 날 집행관 사무실에 전화해 인도명령 인용일이 언제인지 알려달라고 했다. 강제집행을 하려면 인도명령이 인용되어야 한다.

현재 점유하고 있는 사람이 모텔 주인이 아니기 때문에 인도명령 인용이 배당락일자 이후에나 진행이 된다고 했다. 배당기일은 대략 소유권 이전 후 30일의 시간이 걸린다. 기다릴 수밖에 없었다. 한 달 동안은 모텔에 대한 이자를 내고 있다가 인도명령이 인용되면 바로 강제집행하기로 했다. 시간이 지나 배당락일자 다음 날에 인도명령이 인용되었다.

그날 바로 법원으로 달려갔다. 인용 부분의 결정문과 송달증명원을 발급받아야 한다. 그리고 바로 집행문을 발급받아 강제집행을 신청해야 한다. 어려운 부분은 없지만, 서류를 발급받기 위해서는 법원에 있는 은행에도 가야 하며, 임차인의 초본도 행정센터에서 발급을 받아와야 해서 시간이 오래 걸린다.

대구지방법원 포항지원
결   정

사   건   2022타인156 부동산인도명령

신 청 인   정경
            경주시 충효1길   (충효동,

피 신 청 인   이자
            포항시 북구 청하면 청하로

주   문

피신청인은 신청인에게 별지목록 기재 부동산을 인도하라.

이   유

이 법원 대구지방법원 포항지원 2021타경2760 부동산임의경매 부동산임의경매에 관하
여 신청인의 인도명령 신청이 이유있다고 인정되므로 주문과 같이 결정한다.

2022. 10. 7.

사법보좌관   김주

1 / 3

출처 : 저자 작성

송 달 증 명 원

사　　　건 : 대구지방법원 포항지원　2022타인156 부동산인도명령

신 청 인 : 정경

피신청인 :　이자

증명신청인 : 신청인 정경

위 사건에 관하여 아래와 같이 송달되었음을 증명합니다.

피신청인 이자　2022. 10. 11.　부동산인도명령정본 송달. 끝.

2022. 10. 12.

대구지방법원 포항지원

법원주사 이　미

본 증명(문서번호:기타집행 9001)에 관하여 문의할 사항이 있으시면 054-250-3216 로 문의하시기 바랍니다.

2022-0225653873-B1H2B　　　　　　　　　　　　　　　　1 / 1

출처 : 저자 작성

집 행 문

사   건 : 대구지방법원 포항지원 2022타인156 부동산인도명령

이 정본은 피신청인 이자   에 대한 강제집행을 실시하기
위하여 신청인 정경   에게 내어 준다.

2022. 10. 12.

대구지방법원 포항지원

법원주사   이 미

◇ 유 의 사 항 ◇

1. 이 집행문은 판결(결정)정본과 분리하여서는 사용할 수 없습니다.
2. 집행문을 분실하여 다시 집행문을 신청한 때에는 재판장(사법보좌관)의 명령이 있어야만 이를 내어줍니다
   (민사집행법 제35조 제1항, 법원조직법 제54조 제2항). 이 경우 분실사유의 소명이 필요하고 비용이 소요
   되니 유의하시기 바랍니다.
3. 집행문을 사용한 후 다시 집행문을 신청한 때에는 재판장(사법보좌관)의 명령이 있어야만 이를 내어줍니
   다(민사집행법 제35조 제1항, 법원조직법 제54조 제2항). 이 경우 집행권원에 대한 사용증명원이 필요하고
   비용이 소요되니 유의하시기 바랍니다.
4. 집행권원에 채권자·채무자의 주민등록번호(주민등록번호가 없는 사람의 경우에는 여권번호 또는 등록번호,
   법인 또는 법인 아닌 사단이나 재단의 경우에는 사업자등록번호·납세번호 또는 고유번호를 말함. 이하
   '주민등록번호등'이라 함)가 적혀 있지 않은 경우에는 채권자·채무자의 주민등록번호등을 기재합니다.

출처 : 저자 작성

예납금

은행번호 : 2022-002328 집행관보관금   [제4호 서식]

법 원 명	대구지방법원 포항지원			
사건번호	000317-2022-본 -0000741		물건번호	0000
납부금액	₩700,000		보관금종류	민사예납금
납부자성명	정경		주민등록번호 (사업자등록번호)	
납부자주소	38062 경상북도 경주시 충효1길		전화번호	--
잔액환급 계좌번호	농협은행 은행		지점 예금주	정경
	계좌번호	3021242935081		

위의 금액을 보관금으로 영수합니다.

2022 년 10 월 13 일

신한 은행 포항법원(출)   취급직원 133540

법원보관금 영수증서(2006. 10 제정)   3-108-0125(20.0×13.0) 모조지70g/㎡

리 인	주 소	경상북도 포항시 북구 장량로		
	사무원			
납부금액		700,000 원		
납부항목		금액	납부항목	금액
수수료		170,000 원	송달수수료	30,000 원
여비		400,000 원	우편료	원
숙박비		원	보관비	원
노무비		100,000 원	기 타	원
감정료		원		
납부장소		신한은행		

위 당사자간 부동산인도 사건에 대해 당일 신규 예납 접수되었으므로 위 금액을 지정 취급점에 납부하시기 바랍니다.

2022 년 10 월 13 일

대구지방법원 포항지원 집행관사무소

집 행 관 남성

문의전화 : 집행관사무소
담당자 : 하동훈

법원경매정보(http://www.courtauction.go.kr)에서 회원 가입 후 "나의경매 > 나의동산집행정보"
에서 비밀번호 2005 를(을) 이용하여 추가하시면, 자세한 사건내용을 조회하실 수 있습니다.

※ 납부금액을 당일내에 납부하지 않을 경우, 접수된 사건은 취소될 수도 있습니다.
※ 예납금은 위 납부장소 및 인터넷뱅킹을 통해 납부 가능합니다.

출처 : 저자 작성

서류를 전부 발급받아 집행계에 강제집행을 신청했다. 신청하면서 강제집행 계고일은 언제인지 물어봤다. 확답할 수는 없지만 대략 2주일 뒤에 신청한 부동산에 강제집행 계고하러 방문한다고 했다. 일자가 확실히 결정되면 전화로 신청인에게 연락하고 그날 지인 2명도 같이 참석해달라고 했다.

며칠이 지나자 계고일자를 2022년 10월 26일 12시로 잡아줬다. 처음 계산과는 다르게 강제집행 계고일자가 많이 늦춰졌지만 절차가 그러하니 어쩔 수 없는 일이었다. 2개월을 기다렸는데 2주일을 더 못 기다리겠는가. 우리는 2주일 뒤에 모텔 앞으로 집결했다.

강제집행 계고 전

출처 : 저자 작성

집행관들과 강제집행 용역직원들, 그리고 낙찰받은 우리까지 가니 사람만 10명이 넘었다. 집행관이 임차인에게 집행계고를 하러 왔다고 이야기하고 바로 모텔 관리소로 들어갔다. 그리고 모텔 관리소 안 전기 패널 앞에 강제집행을 한다고 계고장을 붙였다.

집행관이 일을 처리하는 동안 용역직원은 모텔 호실을 열어보고 강제집행 시 나올 비용을 계산했다. 이후 집행관은 임차인에게 곧 나가야 하니 모텔 주인과 이야기를 잘해보라고 하며 현장에서 철수했다. 임차인은 강제집행 계고장이 이렇게 빨리 들어올지는 몰랐던지 어리둥절해 했다. 사실 이런 점을 노리고 임차인에게 2개월 동안 연락조차 하지 않았다. 연락을 해봐야 어차피 협상에 조율이 안 될 것이 뻔했기 때문이다. 이제 임차인은 마지막 협상테이블에 강제로 앉게 되었다. 여기서 협상이 되지 않으면 다음은 강제집행으로 임차인을 법적으로 내보내야 한다.

"선생님, 이제 2주간의 강제집행이 실행됩니다. 어떻게 하시겠습니까?"

임차인은 처음은 조금 물러날 생각을 하더니 결국 똑같이 이사비를 70,000,000원을 요구한다.
전혀 변하지 않은 소리를 하니 이제부터는 좀 더 강하게 나가야 한다.

"선생님, 부당이득금 소송도 소송이지만 영업 손해배상 소송도 같이 진행됩니다. 그러면 매달 우리에게 주셔야 될 돈이 늘어납니다. 이제 저희도 어쩔 수가 없습니다. 강제집행을 바로 실행하고 소송도 바로 진행하도록 하겠습니다."

최종 통보를 하고 바로 모텔에서 나왔다. 통보하고 임차인도 생각할 시간이 필요하니 3일 정도 기다렸다. 하지만 임차인은 우리의 배려를 무색하게 문자조차 하지 않았다. 이제는 진짜 방도가 없었다. 강제집행을 진행해야 했다. 집행사무실로 가서 강제집행을 진행해달라고 서류를 작성하고 강제집행비용을 예납했다.

우리는 이제 집행일만 기다리면 된다. 이틀 뒤 집행관 사무실에서 임차인에게 전화했는지 오후에 임차인에게 전화가 왔다. 전화기 너머로 반갑게 인사를 건넸다. 하지만 임차인은 자신이 나가는 상황에 처했다는 것을 이제야 직감을 했는지 목소리가 떨렸다.

"선생님, 이사비 70,000,000원을 계속 요구하시면 저희도 어쩔 수 없습니다."

임차인은 이사비를 얼마나 줄 수 있는지 우리에게 다시 물어본다. 처음에 협상을 진행할 때 우리는 이사비를 7,000,000원에 협의할 수 있다고 이야기를 했다. 이제 우리도 어느 정도 풀어줄 때가 되었다. 우리가 처음 말한 비용에 2배 정도인 14,000,000원을 이야기했다. 임차인은 조금만 더 신경 써달라고 이야기를 건넨다. 마지막까지 조율해 15,000,000원에 협상

접수증 (집행비용 예납 안내)

집행관사무소			

사건번호	2022본741	사 건 명	부동산인도
구 분	추가 예납	담 당 부	3부

채권자	성 명	정경	주민등록번호 (사업자등록번호)	-*******
	주 소	경상북도 경주시 충효1길		

채무자	성 명	이자	주민등록번호 (사업자등록번호)	
	주 소	경상북도 포항시 북구 청하면 청하로 *****		

대리인	성 명	김	주민등록번호 (사업자등록번호)	
	주 소	경상북도 포항시 북구 장량로		
	사 무 원			

납부금액		3,456,000 원	
납부항목	금 액	납부항목	금 액
수수료	원	송달수수료	원
여비	원	우편료	원
숙박비	원	보관비	원
노무비	3,456,000 원	기 타	원
감정료	원		
납부장소		신한은행	

위 당사자간 부동산인도 사건에 대해 당일 추가 예납 접수되었으므로
위 금액을 지정 취급점에 납부하시기 바랍니다.

2022 년 10 월 31 일

대구지방법원 포항지원 집행관사무소

집 행 관 남성

문의전화 : 집행관사무소
담당자 : 하동훈

법원경매정보(http://www.courtauction.go.kr)에서 회원 가입 후 "나의경매 > 나의동산집행정보"
에서 비밀번호 2005 를(을) 이용하여 추가하시면, 자세한 사건내용을 조회하실 수 있습니다.

※ 납부금액을 당일내에 납부하지 않을 경우, 접수된 사건은 취소될 수도 있습니다.
※ 예납금은 위 납부장소 및 인터넷뱅킹을 통해 납부 가능합니다.
  (단, 광주은행은 인터넷뱅킹 불가능)
  인터넷뱅킹을 통한 자세한 납부방법은 해당 은행에 문의하시기 바랍니다.
※ 채권자의 주소가 변동될 때에는 2주 이내에 반드시 신고하여야 합니다.

출처 : 저자 작성

을 타결했다.

다음 날 임차인을 만나 협의서를 작성했다. 이사비 15,000,000원에 지원해주는 대신 일주일 안에 이사를 나가고 모텔 운영 관리에 대한 모든 것을 인수인계하기로 했다. 임차인이 지키고 있던 집기류 소유권 부분도 현 소유자에게 모두 넘기기로 했다. 11월 7일 임차인에게 영업허가권까지 완벽하게 인계를 받고 임차인과 '뜨거운 안녕'을 했다.

임차인을 내보내고 나니 이제 모텔 수리를 진행해야 한다. 영업손해가 있지만 3주간 문을 닫고 모텔 개보수에 들어갔다. 더러운 부분을 닦아내고 고장이 난 부분을 고치고 관리가 안 된 부분을 관리를 해주니 아주 깨끗한 모텔로 탈바꿈했다.

이제 모텔 수리가 완료되었으니 영업을 시작해야 했다. 12월에 오픈을 했지만, 일주일간 방이 제대로 나가지 않았다. 홍보가 제대로 되지 않아서 홍보에 열을 올리기 시작했다. 며칠 동안은 몇 객실이 나가지 않았지만 12월 31일이 되자 대박이 터졌다. 대실도 대실이지만 숙박이 15객실로 만실이 되었다.

미래가치도 미래가치지만 현재도 잘되는 모텔이라 2년 뒤 매각가액이 심히 기대되는 부동산이다.

보수된 모텔

만실이 된 모텔

숙박업과 에어비앤비 이해하기

부동산을 공부하다 보면 숙박업을 하려고 하시는 분들과 빌라나 촌집을 낙찰받아 에어비앤비를 운영하시려는 분들이 있다. 몇 가지 혼동하시는 사항이 있어서 함께 살펴보겠다.

신고 및 허가사항	숙박플랫폼
숙박업	에어비앤비
관광숙박업	여기어때
외국인관광도시민박업	야놀자
농어촌민박업	호텔스컴바인
유스호스텔 등	네이버 호텔 등

이와 같이 다양한 숙박업에는 관련 부처마다 법이 다르고 소관 부처가 다르며 숙박 플랫폼에도 다양한 종류가 있다.

에어비앤비 또한 숙박플랫폼의 한 종류이고 에어비앤비만 활용해 숙박업을 운영한 다면 불법으로 운영하는 것과 마찬가지다.

에어비앤비를 운영하려는 분들은 대부분 도시지역의 빌라나 아파트에서 운영한다. 이때는 외국인도시민박업으로 운영하는 것이다. 외국인을 대상으로 운영해야 하기 에 합법적인 공유숙박업을 취득하는 절차가 있어야 내외국인 수용이 가능해 합법 적으로 운영할 수 있다.

또는 읍면의 촌집을 활용한 농어촌민박업이나 기존 모텔 및 호텔을 활용한 정식 숙 박업 등록 업체라면 에어비앤비 등 어떤 플랫폼을 활용해 내외국인 대상으로 어떤 영업을 해도 합법적으로 운영할 수 있다.

에어비앤비로 숙박업을 해보겠다고 하는 것이 아니라 합법적인 숙박업 신고 및 허 가를 거쳐 에어비앤비 등 플랫폼을 활용해 숙박업을 해보겠다고 해야 정상적인 영 업이 가능하다.

MEMO

_____

_____

_____

_____

_____

_____

_____

_____

_____

_____

_____

_____

_____

_____

_____

_____

_____

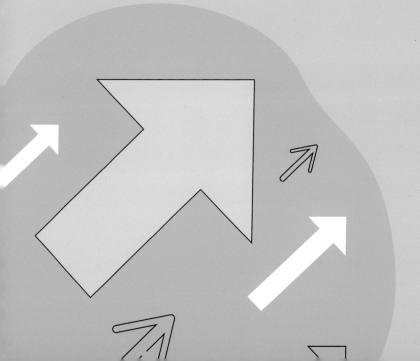

바닷가 뷰
토지 투자

여름이 오니 다들 휴가 가기 바쁘다. 남들 놀 때 우리는 돈을 벌어야 한다. 사실 남들이 놀 때 돈을 많이 벌 수 있으니 물건 찾기에 집중해야 한다. 몇 달 전부터 눈여겨보던 물건이 드디어 경매에 나왔다. 봄철에 나왔지만, 채권자들이 기일을 변경해 물건이 들어갔다가 다시 경매에 나온 물건이다.

포항지역은 바닷가가 바로 옆에 있어 바다가 보이는 토지들이 있다는 특징이 있다. 내륙 사람들은 바다를 보러 휴가철에 휴식을 취하러 포항에 방문한다. 그 인기에 반영하듯이 바닷가 1선 라인에 붙어 있는 토지들은 평당가격들이 만만치가 않다.

경매에 나와 있는 토지는 바닷가 1선 라인은 아니지만 큰 도로가 붙어 있었다. 토지가 언덕에 있어 앞에 건물이 들어온다고 해도 바다 조망이 잘 나오는 토지였다.

경매 2020타경2060 (11)

포항지원 2계(054-250-3218)

진행내역 경매개시 73일 배당요구종기일 782일 최초진행 0일 매각 31일 납부

| 전 | 토지 매각(제시외기타 포함) / 농지취득자격증명 | | 매각기일 **2022.08.16 (화)(10:00)** |

경상북도 포항시 남구 동해면 임곡리   새주소검색

토지면적	832㎡(251.68평)	소유자	이만	감정가	198,848,000
건물면적		채무자	이만 외2	최저가	(100%) 198,848,000
개시결정	2020-04-13 (강제경매)	채권자	신포항농협 외1	보증금	(10%) 19,884,800

오늘:**1** 누적:**70** 평균(2주):**0**

구분	매각기일	최저매각가격	결과	비고
	2022-06-20	198,848,000	변경	
1차	2022-08-16	198,848,000		

관련사진   지적도

사진 ▼   지도 ▼

출처 : 탱크경매(이하 경매 정보 동일)

경상북도 포항시 남구 동해면 임곡리

    또한, 위치도에 보이듯이 포항시에서 관광객 조성을 위한 연오랑세오녀 테마공원이 바로 앞에 있다. 이 토지는 테마공원을 가기 위해서는 꼭 지나쳐야 하는 길 옆에 있다.

　현장 사진에 보이듯이 토지 위에서 바닷가가 보인다. 이런 토지들은 생각보다 귀하다. 토지의 특성상 바닷가 1선 라인에서 떨어지면 점점 바다가 보이지 않고 건물들만 보이는 경우가 많다. 바닷가 라인을 좋아하는 사람들이 많은데 태풍을 무서워하는 사람들도 있다. 그러한 경우 이런 토지들을 찾게 되는데 수요가 많은 대신 공급은 확연히 떨어진다. 현재 이 도로를 지나 바닷가가 보이지 않는 토지도 현재 평당 157만 원에 거래가 되었다.

현재 실거래가

그러면 현 토지의 위치가 더 좋으니 적어도 평당 150만 원 이상은 거래가 되리라 판단해 입찰하기로 결정했다.

감정가가 평당 80만 원으로 저렴하게 나와 있었고 여름휴가 기간 중이라 다들 관심도가 떨어졌을 거라는 생각이 들었다. 그래서 낙찰가를 고민하지 않고 바로 입찰을 진행했다.

혹시 몰라서 최저가에서 300,000원 정도를 더 올려 입찰했다. 하지만 예상대로 우리가 단독으로 낙찰을 203,200,000원에 받게 되었다. 지목이 전이라 농지취득자격증명원을 발급받아야 한다. 매각허가결정까지 1주일의 시간밖에 주지 않으니 서둘러야 한다. 서두르는 건 좋은데 담당 행정센터에 가기 전에 법원 경매계에 들려 '최고가매수인증명'을 발급받아 가야 행정센터에서도 일 처리하기가 편하다. 관련 서류를 받으려면 그날 경매사건이 전부 끝나야 하니 법원 근처에서 점심을 먹고 서류를 발급받아 담당 행정센터로 이동했다.

농지취득자격증명원 발급 담당자를 만나 이야기를 나누니 공유자가 6명이라 지적도에 어디서부터 어디까지 누가 농사를 짓는지 표시를 해야 한다고 했다. 농지법이 강화가 되어 관련 서류를 받아야 한다고 이야기했다. 우리는 지적도를 발급받아 그 자리에서 자신이 지을 경작 위치를 지정하기 시작했다.

지적도

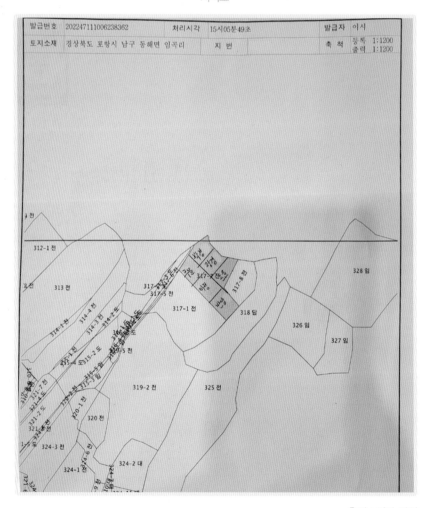

출처 : 저자 작성

경작 위치를 다 지정하고 농지취득자격증명신청서, 영농계획서를 제출했다. 담당자는 다른 업무가 많고 시간이 촉박해 1주일 이상 걸린다고 했다. 하지만 경매계에서는 농지취득자격증명원을 매각결정기일 1주일 안에 제출하라고 하니 농취증 발급 담당자에게 사정을 했다.

담당자분이 말이 잘 통해 매각결정기일 안에 농지취득자격증명원을 발급해주기로 했다. 3일 정도 기다리니 담당자한테서 농지취득자격증원이 발급되었으니 가져가라고 연락이 왔다. 기다리고 있던 서류라 두말없이 달려가 서류를 발급받았다.

그날 서류를 경매계에 제출하고 별 탈 없이 소유권 이전을 했다. 소유권 이전 시 대출을 80% 진행해 대출가액은 160,000,000원이고 6명이 공동으로 매입을 해 소유권 이전까지 개인당 약 7,000,000원이 들어갔다. 현재 경작을 하고 있지만, 미래가치가 뛰어난 토지라 2년 더 보유하고 있다가 매각을 할 예정이다. 우리가 현 토지의 소유권 이전을 완료하기 전에 호재가 하나 발표가 된다.

포항 북구와 남구를 잇는 영일만대교가 사업비 예산을 지원받는다는 소식이었다. 물론 하루아침에 교량이 건설되지는 않겠지만 미래에는 지어진다는 의미다. 대교가 다 지어질 때까지 현 토지를 소유하고 있으면 좋겠지만 몇 년 뒤에 좋은 가격에 매각이 될 것 같은 느낌이다.

영일만대교 '해상교량+해저터널' 사실상 확정

김병훈 기자 kbh7133@imaeil.com

매일신문 입력 2022-11-28 18:17:45 수정 2022-11-28 21:01:45

국토부 "대안 없다" 잠정 채택…기재부와 사업비 협의 나설 듯
육상터널안은 예산 급증 "불가"

포항 영일만대교가 남북 10축을 잇는 '해상교량+해저터널' 복합 노선으로 사실상 추진될 전망이다. 포항시 제공

출처 : 매일신문

이제 현 토지를 매입했으니 현 토지의 뒤 토지도 좋은 가격에 매입해야 한다. 일반적으로 매물이 이렇게 나오기 힘들지만, 경매이기 때문에 물건이 한 번에 나올 때가 있다. 방금 설명한 토지 바로 뒤에 토지가 같이 매물로 나왔다. 감정평가 가액은 평당 약 640,000원에 나왔다. 이 토지의 가장 큰 문제점은 맹지라는 것이다. 길이 붙어 있는 토지가 없으면 사용도가 많이 떨어질 수밖에 없다. 이 토지는 유찰이 될 것이라 확신이 있었고, 1회 유찰이 되기를 기다렸다.

경매 정보지

경매 2020타경2060 (12)

진행내역 : 경매개시 73일 배당요구종기일 782일 최초진행 34일 매각 30일 납부

포항지원 2계(054-250-3218)

전

토지만매각,지분매각(건물X) / 분묘기지권,농지취득자격증명,맹지

매각기일 2022.09.19 (월)(10:00)

경상북도 포항시 남구 동해면 임곡리   새주소검색

토지면적	202㎡(61.105평)	소유자	이만	감정가	38,582,000
건물면적		채무자	이만 외2	최저가	(70%) 27,007,000
개시결정	2020-04-13 (강제경매)	채권자	신포항농협 외1	보증금	(10%) 2,700,700

관련사진   지적도

전체보기 ▼

오늘 : 1 누적 : 70 평균(2주) : 0

구분	매각기일	최저매각가격	결과	비고
	2022-06-20	38,582,000	변경	
2차	2022-09-19	27,007,000		

사진 ▼   지도 ▼

출처 : 탱크경매(이하 경매 정보 동일)

위치도

경상북도 포항시 남구 동해면 임곡리

우리가 생각한 대로 유찰이 이루어졌다. 경매에 나온 토지를 우리가 매입을 하게 되면 우리가 길이 있는 앞 토지를 소유하고 있으므로 매각을 할 시 앞 토지와 같은 가격에 매각이 가능할 것이라고 봤다. 즉, 평당 1,500,000원은 받을 수 있으므로 입찰을 준비했다.

예상대로 우리가 단독으로 입찰을 했고 낙찰을 받게 되었다. 한 번 유찰이 되어 평당 440,000원인 27,057,000원에 낙찰이 되었다. 이 물건은 지분매각인 물건이라 대출이 나오지 않았다. 하지만 6명이 공동 투자를 했기 때문에 1인당 약 5,000,000원 정도의 소액 투자가 가능했다.

지목이 전이기 때문에 이것도 마찬가지로 농지취득자격증명원을 발급받아야 한다. 한 달 사이에 농지법에 강화되어 농지취득자격증명원을 발급받으려면 농지위원회의 심사를 거쳐야 한다. 그 기간이 약 3주가 소요된다고 했다. 담당 경매계로 상황을 설명하고 매각허가결정 기일 연기 신청을 했다. 법이 바뀐 부분이라 법원에서도 인용을 해주었다.

매각허가결정 기일 연기

2022.09.16	최고가매수인 등기촉탁공동신청 및 지정서 제출	
2022.09.16	채권자 오0000000 매각기일변경(연기)신청서 제출	
2022.09.16	최고가매수인 매각허가결정정본	2022.09.16 발급
2022.09.19	집행관 김OO 기일입찰조서 제출	
2022.09.19	집행관 김OO 기일입찰조서 제출	
2022.09.19	집행관 김OO 기일입찰조서 제출	
2022.09.19	집행관 김OO 기일입찰조서 제출	
2022.09.19	집행관 김OO 기일입찰조서 제출	
2022.09.19	집행관 김OO 기일입찰조서 제출	
2022.09.19	집행관 김OO 기일입찰조서 제출	
2022.09.19	집행관 김OO 기일입찰조서 제출	
2022.09.21	최고가매수인 매각결정기일연기신청서 제출	
2022.09.23	최고가매수인 농지취득자격증명 제출	
2022.09.26	최고가매수인 농지취득자격증명 제출	
2022.09.28	최고가매수인 매각대금완납증명	
2022.09.28	최고가매수인 부동산소유권이전등기촉탁신청서 제출	
2022.10.07	최고가매수인 농지취득자격증명 제출	
2022.10.07	최고가매수인 농지취득자격증명 제출	
2022.10.07	최고가매수인 농지취득자격증명 제출	
2022.10.07	최고가매수인 농지취득자격증명 제출	
2022.10.07	최고가매수인 농지취득자격증명 제출	
2022.10.14	최고가매수인 매각대금완납증명	
2022.10.14	최고가매수인 등기촉탁공동신청 및 지정서 제출	
2022.10.14	최고가매수인 부동산소유권이전등기촉탁신청서 제출	

3주 뒤 심의위원회가 열리고 농취증을 발급받아 담당 경매계에 제출했다. 현 토지는 일부 지분만 나온 물건이라서 공유물분할소송 청구를 통해 나머지 지분도 해결을 봐야 하는 처지였다. 하지만 우리의 입장에서 아주

저렴하게 매입을 했고 우리 예외 다른 사람이 활용할 수가 없으니 나머지 지분 부분도 해결이 잘 될 것이다.

바닷가 토지 투자 포인트

1. 바다 전면이 넓은 토지

바닷가 투자 시 간과하는 점이 바다 전망을 넓게 보는 토지와 바다 전망은 전면은 좁지만, 안쪽으로 넓게 생긴 토지를 투자할 때 생각보다 가격 차이가 크지 않다는 것이다. 가격 차이가 크진 않지만, 실제 활용도 면에서는 몇 배의 차이가 나니 바다를 넓게 보고 있는 토지를 가격을 조금 더 주고서라도 사도록 하자.

2. 양날의 검, 바닷가 1선 토지

바닷가 로망을 꿈꾸는 사람들이 선호하는 바닷가 1선 토지는 장단점이 분명한 토지다. 바닷가와 접해 있어 창문이나 문을 열면 바로 바다가 보이는 환상적인 뷰가 있지만 태풍이나 파도가 심할 때는 시끄럽다. 또한, 바닷물이 들이쳐서 집이 금방 부식되곤 한다. 영업하는 곳이라면 1선이 좋고 가격도 높지만 실제로 거주를 생각한다면 바닷가와 딱 붙은 1선보다는 조금 떨어진 곳이 가격 측면이나 거주에서 조금 더 낫다. 이와 같은 장단점을 혼합해 언덕 위 바닷가 영구 뷰 나오는 토지는 태풍이나 비바람에도 영향이 덜하며 영업적인 측면에서도 좋아 가장 많이 선호하는 토지다.

3. 인근에 주차장 활용 가능한 토지

바닷가에 영업하거나 거주를 하게 되면 손님들이 자주 오게 된다. 가까운 곳에 무료로 주차가 가능한 공간이 있는 토지가 있다면 유용하게 사용할 수 있다. 옛날 같지 않은 시골인심에 주차할 곳도 없는데 손님들이 많이 들이닥쳐 주차로 인해 싸움이 일어난다면 잦은 다툼으로 인해 오래 거주하지 못할 가능성도 있다.

4. 돈 아끼는 기반시설(도로, 상하수도, 전기시설 등) 여부

모든 토지에 해당하는 내용이지만 도로가 있어야 개발행위가 가능하다. 그리고 계획도로에 포함되지 않아야 내 토지를 전부 사용이 가능하다. 도로에 대한 이해가 있어야 하며 상하수도, 전기시설 등 기반시설이 잘 깔려 있는지 확인하고 투자하자. 기반시설이 제대로 안 되어 있을 시 기반시설 설치 비용에 큰 비용이 소모될 수 있다.

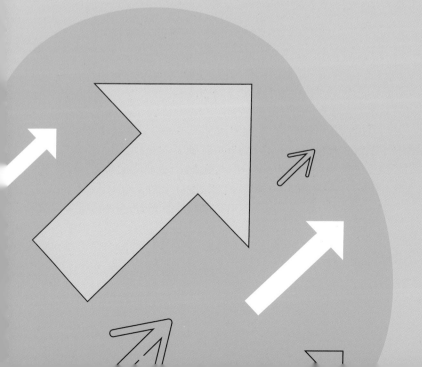

캠프장
소액 토지

여름철이 다가오자 사람들이 현실이 갑갑한지 다들 캠프장에 가고 싶어 한다. 이렇게 주변 수요가 많은데 우리는 다른 시점으로 접근한다.

'캠프장을 할 수 있는 토지를 매입하자!'

캠프장을 하려면 토지는 300평 이상은 되어야 하고 도심에서도 크게 떨어지지 않아야 한다. 가장 중요한 것은 가격이 저렴해야 한다. 내 마음 같은 토지가 잘 나타나지 않는데 경매 정보지를 보니 눈에 띄는 토지가 보인다. 도심에서 차량으로 5분 정도 위치에 있으며 바로 위에는 저수지가 있다. 거기에다 토지 평수가 540평으로 크기도 제법 넓다.

토지가 위치한 남쪽 밑으로는 자명리라는 동네가 있는데 지곡동에 거주하는 주민들이 카페나 외식을 즐기는 상업 시설이 많다. 상업 시설이 많다는 것은 돈이 흘러들어오는 입지라는 것이다.

경매 정보지

출처 : 탱크경매(이하 경매 정보 동일)

위치도

현 토지는 위치가 일단 마음에 들었고 경매 정보지상에 있는 현황 사진이 특히 마음에 들었다.

정보지 사진

길옆에 토지가 붙어 있는데 토지 안에 흙더미가 쌓여 있었다. 이 사진을 보고 직감적으로 성토공사를 하지 않아도 성토가 되었겠다는 생각이 뇌리를 스쳐 지나갔다. 하지만 현장 답사를 하지 않으면 모르는 일이다.

감정가는 273,564,000원으로 평당 506,000원에 정해졌다. 주변 시세를 확인해보니 경매로 나와 있는 토지 위에 토지가 평당 550,000원에 2020년 9월에 거래가 된 것을 알 수 있었다.

당시 실거래가

현장에 가기 전에 서류로 확인할 수 있는 것은 전부 확인하고 현장으로 간다. 현장에 부동산을 통해 이 인근 매물도 많이 없지만 전, 답이 평당 50만 원 이상인 것을 확인할 수 있었다. 조금 저렴하면 길이 없는 맹지이거나

차로 갈 수 없는 샛길이었다. 또한, 우리가 생각했던 대로 경매로 나와 있는 매물이 성토되어 있었다.

현황 사진

토지의 성토 여부는 토지 가격에 지대한 영향을 준다. 성토가 되어 있으면 토지 평당 가격이 10만 원 이상 상승하는 효과를 가져오기 때문이다. 토지 주인이 자금 사정이 여의치 않아 토지를 성토해 매각 진행하려고 했으나 성토공사를 진행하는 도중에 경매에 나올 것으로 추정이 된다.

물건의 상태를 알았으니 입찰을 준비해야 한다. 감정가대로 들어가기에는 수익이 크지 않아 유찰을 기다린다. 1회 유찰을 해 최저가 191,495,000원에 입찰 준비를 했다.

혹시 경쟁자가 들어오지 않겠냐는 염려로 최저가에서 3,500,000원을 더 적어 넣었지만, 단독으로 낙찰받았다. 낙찰가는 평당 361,000원인 195,220,000원이었다.

지목이 전이기 때문에 이것도 마찬가지로 농지취득자격증명원을 발급 받아야 한다. 이 물건을 낙찰받으면서 농지법이 강화되어 소유자가 3인 이상 시 농지위원회의 심사를 거쳐야 한다. 그 기간이 약 3주가 소요된다고 하니 담당 경매계로 상황을 설명하고 매각허가결정 기일연기 신청을 했고, 법원에서도 인용을 해주었다.

현 토지를 소유권 이전을 진행할 시 대출을 80% 진행해 대출가액은

156,000,000원이었다. 3명이 공동으로 매입을 해 소유권 이전 시 개인당 약 16,000,000원이 들어갔다. 성토된 토지가 평당 600,000원으로 거래가 되고 있으니 2년 뒤에 매각해도 좋을 것이다. 원래 계획대로 캠프장 부지로 사용해도 충분히 수익이 나올 토지다.

경매 대출 알아보기

자신이 보유한 자금으로 해당 물건을 입찰해서 소유권을 가져올 수 있는지 없는지는 보유한 현금과 대출이 얼마 나오는지를 합산해서 결정하게 된다. 정확한 대출금액을 알아야 내가 입찰할 수 있는 한계 물건의 금액을 알 수가 있다. 그래서 각각의 물건마다 대출이 얼마나 나오는지 알아두는 게 중요하다. 대출금액과 금리는 시시각각 변하고 규제와 개인 신용에 따라 바뀌지만, 현재 대략적인 대출금액은 이런 식으로 책정이 되니 참고만 하기 바란다.

아파트의 경우 무주택자는 1주택 취득 시 낙찰가의 70% 정도를 대출할 수 있다. 1주택을 보유자는 추가 주택 취득 시 60% 내에서 대출할 수 있다(투기과열지구 및 조정지역은 변동이 있으며 개인 LTV, DSR에 따라 변동이 있으니 대출상담사에게 체크하고 경매에 입찰하자).

다가구주택 및 상가주택의 경우 (감정가 70% - 최우선변제금)과 (낙찰가 80% - 최우선변제금) 중 낮은 금액으로 대출할 수 있으며 신탁대출을 활용할 경우 최우선변제금 제외하는 것 없이 대출할 수 있나 명의가 신탁업체로 바뀌므로 전세금이 신탁업체로 가거나 신탁업체와 전월세 계약을 꺼리는 경향이 있어 계약이 힘들어지기도 하니 참고하기 바란다.

상가 또는 토지는 감정가 70%와 낙찰가 80% 중 낮은 금액으로 대출할 수 있으니 입찰 시 계산해서 입찰하기 바란다.

본인의 자금 + 대출금만 가지고 입찰할 수도 있지만, 취득세 및 부대비용이 추가로 발생할 수 있고 경매를 할 때는 항상 변수가 있기에 약간의 여유자금을 가지고 입찰하는 것이 현명하다.

※ 경매 대출 사이트(경매를 위하여 : http://www.wkyungmae.com)
경매 경락잔금대출을 위한 전문사이트로 낙찰 전후 경매 물건의 대출금액을 알아
보고 실제로 대출이 얼마가 되는지 파악할 수 있기에 실제로 얼마를 가지고 입찰을
해야 하는지 알 수 있다.

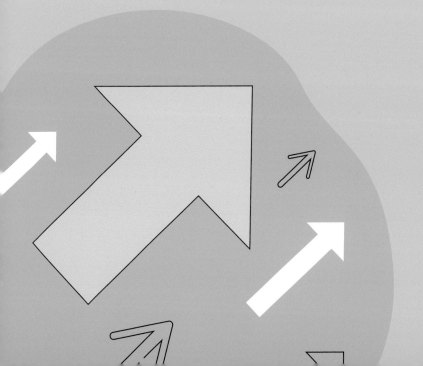

환지
소액 투자

주변을 보다 보면 임야인 지역이 국토교통부, 지역 사업의 일환으로 택지가 되는 곳이 있다. 택지가 된다고 구역이 지정되면 땅값이 오른다. 그리고 택지가 완공되면 한 번 더 땅값이 오른다. 사실 택지가 되는 과정 중에서 매수, 매도가 되면서 서서히 오른다.

우리가 사는 지역에도 그런 구역이 있다. 대표적으로 KTX 역사 주변에 임야가 개발되면서 택지로 변화하고 있다. 이미 평당 4,000,000원 이상을 하고 있으므로 80평을 매입하게 되면 320,000,000원이다. 일반적으로 개인 간 매수, 매도를 하게 되면 대출이 50%에서 60% 정도밖에 되지 않기 때문이다.

대출을 최대치로 60%를 받는다고 하더라도 대출금 192,000,000원, 자부담금 128,000,000원에 대출이자를 부담하고 있으면 택지를 하나 보유하는 것이 쉽지가 않다. 그리고 아직도 공사 중이며 완공까지 시일이 좀 더 걸릴 예정이기 때문에 자부담금 1억 원 이상을 넣고 수익을 기다리는 것은 사실상 어려운 일이다.

하지만 이런 택지도 경공매를 통하면 직장인 월급 이하로 투자할 수 있다. 택지로 환지가 되는 토지가 공매로 나왔다. 면적은 99㎡인 30평으로

온비드 공매

물건정보		입찰이력				해당공고 보기	해당공고물건 보기

물건관리번호 : 2021-12532-002   물건상태 : 낙찰   공고일자 : 2022-07-29   조회수 : 871

[토지 / 답]
경상북도 포항시 북구 흥해읍 이인리

[일반공고] [매각] [인터넷] [압류재산(캠코)] [일반경쟁] [최고가방식] [총액]

처분방식 / 자산구분	매각 / 압류재산(캠코)
용도	답
면적	답 99㎡
감정평가금액	36,980,550원
입찰방식	일반경쟁(최고가방식) / 총액
입찰기간 (회차/차수)	2022-09-13 10:00 ~ 2022-09-14 17:00 (035/001)
유찰횟수	0 회
배분요구종기	2022-08-30
최초공고일자	2022-07-29
공매대행의뢰기관	서대구세무서
집행기관	한국자산관리공사
담당자정보	대구경북지역본부 / 조세정리팀 / 1588-5321

[사진] [360°] [동영상] [지도]
[지적도] [위치도] [감정평가서]

[입찰유형]
□ 전자보증서가능   ☑ 공동입찰가능
☑ 2회 이상 입찰가능   ☑ 대리입찰가능
□ 2인 미만 유찰여부   ☑ 차순위 매수신청가능

면적이 그리 크지 않다. 위치는 위치도에서 보이듯이 KTX 포항역 앞이다. 주변도 다 택지로 환지하고 있어 현장을 가보면 굴착기, 트랙터, 레미콘 등 중장비 차량 통행이 잦다.

위치도

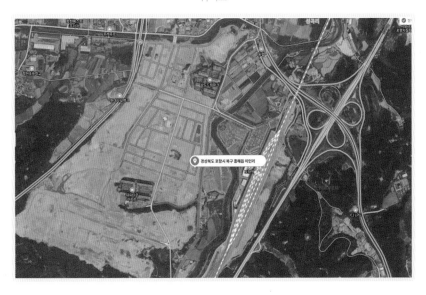

　이런 물건의 특징은 현장을 가보지 않아도 된다는 것이다. 산을 깎아서 평평한 택지로 만들어주기 때문이다. 하지만 신경을 써서 봐야 할 것은 환지 작업을 하는 관공서에서 얼만큼의 토지를 가지고 가고, 얼만큼을 되돌려주는지를 알아야 한다. 환지 작업 중에 나온 토지이기 때문에 감정평가서를 보면 알아보는 것은 어렵지가 않다.

토 지 감 정 평 가 요 항 표

1. 위치 및 부근의 상황	4. 인접 도로상태	7. 공부와의 차이
2. 교 통 상 황	5. 토지이용계획관계 및 공법상 제한상태	
3. 형태 및 이용상황	6. 제시목록외의 물건	8. 임대관계 및 기타

7. 공부와의 차이

- 본건 토지(기호 1,2)는 등기사항전부증명서상 이인리   (임야, 760㎡ 中 198㎡),

이인리   (답, 853㎡ 中 99㎡)이나 각각 이인지구도시개발사업지구   (대, 345.9

㎡),   (대, 401.3㎡)으로 환지예정임.

- 본건 토지(기호1)는 토지이용계획서상 제3종 일반주거지역이나, 환지예정지확인(증명)원상

제1종 일반주거지역임.

8. 임대관계 및 기타

1) 임대관계 : 미상임.

2) 기   타 : 없 음.

상 세 위 치 도

소 재 지	경상북도 포항시 북구 흥해읍 이인리

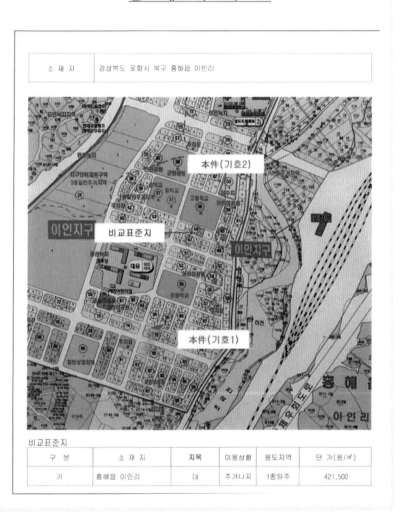

비교표준지

구 분	소 재 지	지목	이용상황	용도지역	단 가(원/㎡)
가	흥해읍 이인리	대	주거나지	1종일주	421,500

환지가 이루어지면 면적과 어느 위치에 환지가 되는지 감정평가서에 친절히 설명되어 있다.

공매에 나와 있는 토지는 환지를 받는 토지의 지분 일부이기 때문에 매입을 하게 되면 얼마큼의 지분을 받는지 계산을 해야 한다. 비례식을 써서 계산하면 쉽게 계산할 수 있다.

$$853㎡ : 401.3㎡ = 99㎡ : X$$
$$X = (401.3㎡ \times 99㎡) / 853㎡$$
$$X = 46.575㎡$$

공매에 나와 있는 토지를 낙찰을 받으면 환지 면적이 46.575㎡이다. 평으로 계산하면 약 14.11평이다. 현재의 가치가 평당 4,000,000원이기 때문에 이 물건의 가치는 56,440,000원이다. 현재 감정평가는 36,980,550원으로 상당히 저평가되어 있다.

가치판단을 했으므로 이제 입찰을 준비해야 한다. 입찰 기간을 보니 2022년 9월 13일부터 2022년 9월 14일까지다. 우리의 대명절 추석 연휴가 2022년 9월 9일부터 2022년 9월 12일까지이므로 현재 이 물건을 유심히 보고 있는 사람이 없겠다는 생각이 들었다.

역시나 생각했던 대로 단독으로 36,981,000원에 낙찰이 되었다. 현 토지는 일부 지분만 나온 물건이라 대출이 되지 않는다. 한 사람이 36,981,000원에 낙찰이 되면 수익을 내기까지 몇 년이라는 시간이 소요되기 때문에 다음 투자를 할 때 무리가 생길 수 있다. 그래서 우리는 21명이 공동입찰을 하게 되었다.

한 사람당 약 1,800,000원을 지급해 인원수만큼 지분을 매입했다. 아직 택지가 완성되지 않았지만, 완성이 될 시에는 현가치보다 더 상승할 것으로 보고 매입을 진행했다. 또한, 1인당 지불하는 비용을 가볍게 해 시간이 걸려도 버틸 수 있는 여지를 만들었다.

소유권 이전 시 지목이 답이라 농지취득자격증명원을 발급받아야 한다. 하지만 현 토지는 발급을 받을 필요가 없었다. 토지이용계획상 도시지역이기 때문에 발급을 생략하고 소유권 이전이 가능했다. 택지가 완공되면 투자 대비 큰 수익을 기대할 수 있는 토지다.

토지이용계획

소재지	경상북도 포항시 북구 흥해읍 이인리			
지목	답 ❓		면적	853 ㎡
개별공시지가(㎡당)	264,800원 (2016/01) 연도별보기			
지역지구등 지정여부	「국토의 계획 및 이용에 관한 법률」에 따른 지역·지구등	도시지역 , 제1종일반주거지역(4층이하, 용적율 200%, 건폐율 60%, 기타 고시문 참조) , 지구단위계획구역 , 소로2류(폭 8m~10m)(2015-12-18)(저촉)		
	다른 법령 등에 따른 지역·지구등	가축사육제한구역(모든축종 제한구역)<가축분뇨의 관리 및 이용에 관한 법률>, 상대보호구역<교육환경 보호에 관한 법률>, 절대보호구역<교육환경 보호에 관한 법률>, 도시개발구역<도시개발법>		
「토지이용규제 기본법 시행령」 제9조 제4항 각 호에 해당되는 사항				
확인도면			범례 ☐ 도시지역 ☐ 제1종일반주거지역 ■ 제2종일반주거지역 ☐ 지구단위계획구역 ☐ 개발행위허가제한지역 ☐ 대로2류(폭 30m~35m) ☐ 소로2류(폭 8m~10m) ☐ 소로3류(폭 8m 미만) ☐ 특수도로(보행자전용도로) ☐ 고등학교 ☐ 법정동 ☐ 작은글씨확대 축척 1 / 1200 ∨ 변경 도면크게보기		

MEMO

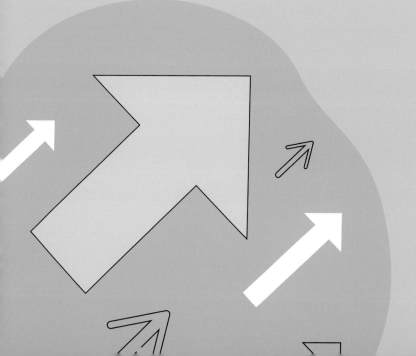

가치가 미반영된
상가주택 투자

어느새 뜨거운 여름이 지나고 가을이 찾아왔다. 주변 산이 푸르른 숲에서 알록달록하게 단풍이 들고 있다. 사람들이 산으로 단풍놀이를 간다고 들떠 있다. 아이들이 있는 집은 활동하기 좋은 날씨가 됐다며 캠프장으로 떠난다고 한다. 이런 날에 우리는 남들처럼 여행을 갈 수가 없다. 대부분 사람이 여행을 갈 때 우리는 열심히 입찰장에 가야 한다. 그렇게 해야 좋은 물건을 좋은 가격으로 매입할 수 있기 때문이다.

경매 정보지를 보는데 괜찮은 입지의 상가주택이 보였다. 현 상가의 위치는 포항공대 후문 쪽으로 학생들이 많이 거주하는 주거단지다. 후문은 토지 수요는 많은데 공급이 없어 다가구 및 상가주택을 건축할 토지 매물이 없는 편이다.

수요가 많아 상가주택 또한 건축 연식이 오래되어도 매물이 시세대로 나오면 거래가 잘되는 편이다. 현재 경매로 나와 있는 매물의 감정평가액이 410,020,000원으로 우리가 알고 있는 시세보다 저렴하게 책정이 되어 있다. 정말 이 가격이 맞는지 현황을 조사해봐야 한다.

경매 정보지

경매 2022타경30502

포항지원 1계 (054-250-3217)

진행내역 : 경매개시 76일 | 배당요구종기일 186일 | 최초진행 0일 | 매각 31일 | 납부 28일 | 배당종결 (321일 소요)

매각기일 2022.10.17 (월) (10:00)

상가주택 토지·건물 일괄매각

경상북도 포항시 남구 효자동 새주소검색
(도로명주소:경북 포항시 남구 효자동길10번길   )

토지면적	163㎡(49.308평)	소유자	임효	감정가	410,020,000
건물면적	277.58㎡(83.968평)	채무자	임효	최저가	(100%) 410,020,000
개시결정	2022-01-28(임의경매)	채권자	정	매각가	(118%) 482,100,000

오늘: 1 누적: 151 평균(2주): 0

구분	매각기일	최저매각가격	결과
1차	2022-10-17	410,020,000	

전경도   전경도

● ○ ○

사진 ▼   지도 ▼

출처 : 탱크경매(이하 경매 정보 동일)

위치도

 상가주택은 수익률 기준으로 매매가가 정해지는데 경매 정보지에 나와 있는 임대료는 형편없이 낮게 책정이 되어 있었다.

 1층이 상가라 그 위치에 맞게 상가의 임차가 들어와줘야 입지에 맞는 임대료를 받을 수 있으며 건물 전체의 값어치가 뛴다. 사람이 맞지 않는 옷을 입으면 불편함을 느끼듯이 1층 상가에 현재 맞지 않는 임차인이 들어오면 상가가 죽어버리고 임대료 또한 제대로 받을 수가 없다.

임차인 현황

목록	임차인	점유부분/기간	전입/확정/배당	보증금/차임	대항력	분석	기타
			말소기준일(소액) : 2013-06-21			배당요구종기일 : 2022-04-14	
1	이경	주거용 3층 2017.5.30~	전입:2018-04-11 확정:2018-04-11 배당:2022-04-11	보:33,000,000원	없음	소액임차인 주임법에 의한 최우선변제 액 최대 1,400만원 순위배당 있음	임차인
2	정영	점포 1층 전부 2021.05.01~	사업:2019-04-15 확정:2022-02-21 배당:2022-04-06	보:20,000,000원 월:800,000원 환산:10,000만원	없음	상임법에 의해 보호적용은 되나, 보증금 범위 초과로 소액임차인은 해당하지않음 순위배당 있음	임차인 [현황서상 보:3천만원, 차:85만원, 사:2019.4.11]
3	정영	주거용 2층 전체 2019.04~	전입:없음 확정:없음 배당:없음	보:무 월:350,000원	없음	배당금 없음	임차인 [확:확정일자 받지 않 았다고 함]

기타사항
* 본건에 임하여 현장에서 '1층 점유자 이상 `을 만나 문의한바 본인은 직원이라 임차관계에 대하여 상세한 상황을 모른다고 진술하여 `사장인 정영 과 전화통화'로 1층과 2층의 임차관계를 확인하였으며, 3층은 점유자 및 이해관계인 등을 만나지 못하여 출입문에 안내문을 남겨 두었으나 보고서 작성 전까지 아무런 연락이 없었음
* 상가건물임대차 현황서를 열람한바 `임차인 정영 (2019.04.11)'이 등재되어 있으며 전입세대 내역 열람한바 `세대주 김영 (2018.04.11)3층'이 등재되어 있음
* 김영 : 이경 과 동일세대 부부임
* 이경 : 김영 과 동일세대 부부임
* 정영 : 상가건물임대차 현황서상 사업자등록신청일: 2019.4.11, 보증금: 2,000만원(차임 70만원), 확정일자: 2020.2.21, 사업자등록신청일: 2022.2.21, 보증금: 2,000만원(차임 80만원), 확정일자: 2022.2.21임

임차인수: 3명, 임차보증금합계: 53,000,000원, 월세합계: 1,150,000원

현 상가의 임대료는 1층 상가는 보증금 20,000,000원에 월세 800,000원, 2층 상가는 보증금 없고 월세 350,000원, 3층 주택은 보증금 33,000,000원으로 계약이 되어 있었다.

총보증금이 53,000,000원이고 월세 합계가 1,150,000원으로 수익률이 제대로 나오지 않았다. 경매로 나와 있는 감정가로 매입을 하게 되면 수익률이 얼마 나오는지 계산을 해봐야 한다.

수익률 = 1,150,000원(총월세)×12개월 / 410,020,000원(감정평가액)−
53,000,000원(총보증금)
= 13,800,000원 / 357,020,000원
= 0.038

계산식에서 곱하기 100을 하면 수익률이 나온다. 즉, 3.8%가 현재 이 상가주택의 수익률이다. 대출하면 좀 더 많은 수익률이 나오지만, 은행이자 정도의 수익률로는 만족할 수 있는 부동산이 아니다. 정말 이 임대료가 맞는지 현장을 답사해야 한다.

이 부동산에 1층 상가는 음식점이 들어와 있다. 그러니 점심시간에 맞춰 현장방문을 가야 이용고객 연령층 및 인원을 알 수가 있다. 점심시간이 막 시작하는 오전 11시 30분에 와서 식당을 살펴보니 인테리어가 눈에 띈다. 테이블에 앉아서 주문하고 기다리면 주방이 훤히 보이게끔 설계가 되어 있다. 음식에 무엇을 넣는지가 보이니 청결함은 물론이고 가게 인테리어가 깔끔하고 세련되었다.

그래서 그런지 테이블에 손님들이 금방 찼고 밖에는 대기인원들이 번호표를 뽑고 기다리고 있었다. 음식을 기다리면서 스마트폰에 접속해 음식점 상호를 치니 블로그 및 이미지 사진이 가득하다. 대략 읽어봐도 음식이 맛있고 인테리어가 마음에 든다는 내용이었다.

음식이 나오자 한입 먹었는데 네이버에 맛집으로 등재될 만큼 맛이 좋았다. 먹으면서 이 정도 가격에 이 정도 퀄리티면 임차인이 장사하면서 절대 망하지 않겠다는 생각이 들었다.

음식을 다 먹고 계산을 하고 옆 가게에도 가봤다. 거기도 마찬가지로 대

전체 　카페글

Moon in the sky　2022.05.12.

<포항 효자동 맛집: 담박집> 대창덮밥과 돈까스 후기
아 유일하게 마지막에 계산할때 직원분이 인사도 친절히해주고 친절한데 모두가 불
친절한건 아니네ㅋㅋㅋ #효자동맛집 #포항맛집 #포항돈가츠 #포항돈가츠맛집 #...

N잡러민초파의 쩝쩝박사 도전기　2022.04.19.

포항 효자 일식맛집 담박집 후기(마제소바, 모듬가츠, 부타동, 왕새...
오늘은 포항 효자에 위치한 일식맛집인 담박집에 방문해보았습니다! 사실 일행과
'순이'라는 집을 찾아가보려 했는데 기계수리때문에 갑자기 영업을 멈춰서 바로 ...

오늘도 내일도, 여전히　2022.08.04.

[포항 효자동] 담박집 맛집 추천, 마제소바와 호르몬동이 맛있었던...
#담박집 #포항담박집 #포항맛집 #효자동맛집 #포항효자동맛집 안녕하세요 또니예
요 ᵔᴥᵔ 포항 맛집 검색하다 알게된 효자동 담박집! 후기가 꽤 좋아 기대하고 다...

데일리　2019.12.12.

쫄깃한 식감과 기름진 풍미! 대창덮밥 맛집
(14,000원) 담박집 경상북도 포항시 남구 효자동길10번길 33 1F 저장 관심 장소를
MY플레이스에 저장할 수 있어요. 팝업 닫기 '내 장소' 폴더에 저장했습니다. MY플...

쫑이찌니의해피바이러스　2022.10.05.

포항 남구 돈까스 맛집 담박집 내돈내먹 후기 (마제소바,대창덮밥...
주차가 조금 불편하긴 하지만 재방문의사 무조건 있을 정도로 맛있게 먹었던 포항
남구 맛집 담박집 추천!! #포항맛집 #포항남구맛집 #포항돈까스맛집 #포항일본가...

출처 : 네이버

기가 있었으며 장사가 잘되는 듯했다. 주변이 요즘 학생들이 좋아하는 음
식과 세련된 상호로 손님들을 유혹하고 있었다.

　여기에 상권이 강하게 살아나고 있다고 확인했고 마지막으로 부동산
중개사무소를 탐방해 이 근처 1층 상가 30평 정도 가게의 임대료가 얼마

인지 알려달라고 했다.

　중개사무소에서는 현재 여기에는 매물이 없고 조금 지나서 새롭게 지은 상가가 있는데 거기에 임대료가 보증금 20,000,000원에 월세가 2,000,000원에 나와 있다고 했다. 이야기를 듣는 순간 현재 경매로 나와 있는 상가는 권리금이 형성되어 있다는 것을 느낄 수가 있었다. 궁금한 것을 다 알았으니 이제 입찰을 준비해야 한다.

　사람들이 수익률을 보고 유찰을 기다리고 있다고 생각했다. 하지만 현 상황 3.8%의 수익률 이외에 1층 상가의 권리금을 노리고 입찰을 하는 사람이 있다는 생각이 들어 우리는 신건보다 70,000,000원을 더 올려

482,100,000원에 입찰을 해 낙찰받았다.

이렇게 낙찰을 받으면 법원 입찰장에 있는 사람들이 '왜 저렇게 받는 거지?'라면서 웅성웅성한다. 이런 사람들하고 특별히 이야기를 나눌 필요는 없다. 이미 우리는 낙찰 후 임대료를 어떻게 정할 건지 생각하고 낙찰을 받았으니 말이다.

낙찰 후 다음날에 현장을 찾아가 1층 상가 임차인부터 찾는다. 1층 상가 임차인을 찾으면 2층 상가 부분 명도도 같이 해결되기 때문이다. 왜냐하면, 1층 상가와 2층 상가 2곳 다 같은 임차인이 사용하기 때문이다. 1층 음식점은 오픈 준비때문인지 직원들이 바빠 보인다. 하지만 우리도 우리 할 일을 해야 하기 때문에 한 명을 붙잡고 물어본다.

"안녕하세요, 선생님. 여기 사장님은 누구신지 알 수 있을까요?"라고 물어보자 누구시냐고 되물어본다. 이 건물 낙찰자이니 음식점 사장님하고 이야기하고 싶다고 말을 건넨다. 일하는 직원도 여기 상가건물이 경매로 매각 처리된다는 걸 알고 있었는지 자신의 핸드폰을 열어 음식점 사장님의 핸드폰 번호를 알려주었다. 직원에게 고맙다고 인사를 하고 나와 음식점 사장님에게 전화를 걸었다.

"안녕하세요, 선생님 어제 이 건물 낙찰받은 사람입니다. 잠시 통화가 가능하신가요?"

음식점 사장님도 우리의 연락을 기다렸던 모양이다. 점심시간은 자기가 시간이 안 되니 오후에 만나서 이야기하면 안 되냐고 한다. 안될 일이 없으니 오후 3시에 우리 사무실로 오라고 명함과 위치를 문자로 보냈다. 만날 시간이 되니 음식점 사장님이 칼 같이 우리 사무실에 방문했다. 시간 약속을 아주 중요하게 여기는 사람이라는 것을 알 수 있었다.

"처음 뵙네요. 선생님 사무실 찾으시는 데 어렵지 않았나요?"

간단하게 인사를 건네고 이야기가 들어갔다. 우리가 현 상가주택을 낙찰을 받는데 사장님은 어떤 계획이 있는지 알고 싶다고 했다. 그러자 임차인은 자기는 쫓아내지만 않으면 계속 장사를 하고 싶다고 의사표시를 했다. 이제 본격적인 이야기가 들어가야 한다.

"저희도 강제로 선생님을 쫓아내고 싶지는 않습니다. 하지만 현재 상가의 임대료가 맞지 않아 임대료 상승은 불가피합니다."

임차인도 우리가 받은 상가주택 낙찰가를 보고 어느 정도 예상했는지 말을 이어간다. 자신도 여기 사장님들도 수익성을 보고 그 가격에 낙찰받았고 월세가 어느 정도 오를 것은 예상했다고 한다.

"선생님, 1층 임대료는 보증금 2,000만 원에 월세 200만 원을 받아야 합니다."

우리가 임대료 이야기를 하자 임차인이 깜짝 놀란다. 기존의 임차료보다 2.5배를 올리니 당연한 반응이다. 1층 임차인이 너무 많이 올린다는 식으로 이야기를 하자 우리도 준비한 이야기를 한다.

"선생님, 1층 상가 권리금이 1억 원 가까이 생성이 되어 있는 것을 알고 있습니다. 우리는 그 권리금을 받고 싶은 마음도 없고 현재 시세에 맞는 월세만 내주시면 됩니다."

임차인의 입장에서는 명도를 당하게 되면 권리금을 한 푼도 못 받는 처지가 된다. 그리고 현재에 맞는 월세를 주더라도 워낙 장사가 잘되고 있으므로 충분히 월세를 감당할 수 있었다. 그래도 임차인 입장에서 한 번에 월세를 2.5배로 올리니 심리 저항성이 생겼다. 5일만 고민해보고 이야기해도 되냐고 의사를 밝혀 그렇게 하자고 했다.

2층도 임차에 관해서도 이야기를 전달해야 하지만 1층 이야기가 완료되어야 2층 상가 임대 부분도 진척이 나갈 수가 있으니 2층은 나중에 안을 보고 이야기를 하자고 그날은 이야기를 마무리했다. 그리고 5일 뒤에 우리 쪽에서 임차인에게 전화를 먼저 걸었다.

"안녕하세요. 선생님, 임대료 부분은 생각하고 연락해준다고 하셨는데 어떻게 생각은 해보셨나요?"

임차인은 조금만 월세를 낮춰달라고 이야기를 했다. 우리 입장에서는 월세를 낮춰줄 수는 없고, 대신 계약 후 한 달은 그냥 임대료 없이 그냥 사용하라고 했다. 이야기가 떨어지기가 무섭게 임차인은 그렇게 하겠다고 했다. 그리고 3일 뒤에 2층 사무실 현장을 같이 좀 보자고 했다. 그렇게 통화를 마무리하고 혹시 3층 세입자 전화번호를 알면 좀 알려달라고 했다.

아무래도 건물 전체가 경매에 나오다 보니 분명히 서로 연락을 취하고 있을 가능성이 있었기 때문이다. 역시나 1층 상가 임차인이 3층 세입자 전화번호를 알고 있었다. 전화번호를 넘겨받아 3층 임차인에게 전화했다. 신호음이 몇 번 가지 않았는데 바로 전화를 받는다.

"안녕하세요. 선생님, 저희가 이번에 선생님이 거주하는 건물을 낙찰을 받은 사람인데 시간이 되시면 만나서 이야기를 좀 나누고 싶습니다."

본론을 이야기하니 상대측에서 자기가 있는 곳을 문자로 보내줄 테니 1시간 뒤에 오라고 한다. 문자로 보내준 사무실에 가니 50대로 보이는 아주머니 한 분이 계신다. 간단하게 서로의 명함을 건네받고 이야기를 시작했다.

"선생님, 몇 주 뒤에 현재 건물을 저희가 소유권 이전을 합니다. 선생님이 이사 나가실 것인지, 더 거주하실 것인지 이야기를 듣고 싶어 왔습니다."

아주머니가 자신의 건강이 조금 안 좋아서 웬만하면 여기서 더 거주하고 싶다고 했다. 그리고 자신이 여기에 보증금을 33,000,000원을 넣었는데 다 받아가는 게 맞냐고 물어보기 시작했다.

"네. 선생님, 경매에 나오기 전 채권합계와 임차인 보증금합계를 다 더해도 저희 낙찰가격이 높으니 임차인들은 보증금을 다 받아갑니다. 걱정 안 하셔도 됩니다."

그리고 현재 전세를 33,000,000원에 살고 계시는데 사실 주변 원룸 전세가보다 저렴하게 살고 계셔서 임대료 상승은 불가피해 보인다고 이야기를 전해드리고 임차인 사무실에서 나왔다.

며칠 뒤 상가주택 2층 방문일에 현장으로 향했다. 1층 임차인이 미리 현장에 나와 있었다. 간단하게 인사를 건네고 2층 사무실로 향했다. 안에 들어가 보니 임차인이 신경을 써서 인테리어를 해놓았다.

인테리어를 보는 순간, 이 상가도 재계약을 하겠다는 느낌이 왔다. 어차피 1층과 2층을 같이 사용했는데 월세를 조금 상향한다고 해서 인테리어를 포기하고 1층과 연계되는 회의실을 다른 곳으로 알아볼 것 같지는 않았다.

현장을 둘러보니 아무래도 건물이 오래되다 보니 외벽 사이에 틈이 벌어져 누수가 일어나고 있었다. 간단한 작업으로 누수 부위는 보수가 가능하니 큰 걱정은 하지 않았다. 중요한 것은 2층 임대료에 관한 협상이었다. 1층 부분을 이미 임대료 협상이 되어 있었기 때문에 2층에 대한 임대료 상승이 저항은 없을 듯이 보이나 그날 현장에서는 이야기하지 않았다. 우리도 조금 더 의논을 거치고 이야기한다고 했고 임차인도 임대를 낼 생각이면 자기에게 먼저 이야기를 해달라고 했다.

며칠 뒤 임차인에게 연락해 보증금 10,000,000원에 월세 500,000원의 임대료를 달라고 했다. 임차인은 1층 월세 800,000원, 2층 월세 350,000원을 지불하고 있다가 1층 월세 2,000,000원으로 임대료 상승에 동의했는데 2층 월세도 150,000원을 더 올린다고 하니 조금 너무 하다는 식으로 이야기를 했다. 하지만 우리도 현 시장에 임차료를 다 조사하고 입찰을 한 것이기 때문에 물러날 수는 없었다. 대신 한 가지 제안을 더 했다. 현재 2층에 누수 되고 있으니 그 부분을 책임지고 고쳐 주겠다고 했다. 그러고는 2층도 보증금 10,000,000원에 월세 500,000원에 같은 임차인과 계약을 하게 되었다.

이제 3층 주택 부분도 명도를 해야 한다. 3층도 사실 월세를 받을 계획이었는데 2층 누수에 대한 방수공사로 목돈이 들어가야 하는 상황에 놓였다. 그래서 3층 주택은 전세로 맞추기로 했고 기존에 거주하시는 분들에게 보증금 50,000,000원에 월세 100,000원으로 계약을 하시는 게 어떠냐고 연락을 했다. 3층 임차인들이 바로 계약을 진행하고 싶다고 했고 하루 뒤에 계약서를 작성했다.

전	보증금	월세	후	보증금	월세
1층 상가	20,000,000원	800,000원	1층 상가	20,000,000원	2,000,000원
2층 상가	·	350,000원	2층 상가	10,000,000원	500,000원
3층 주택	33,000,000원	·	3층 주택	50,000,000원	100,000원
합계	53,000,000원	1,150,000원	합계	80,000,000원	2,600,000원

출처 : 저자 작성

　기존의 건물 전체의 임대료는 보증금 53,000,000원에 월세 1,150,000원이었다. 낙찰 후 세입자들과 협의를 통해 임대료는 보증금 80,000,000원에 월세 2,600,000원으로 보증금은 27,000,000원으로 더 올려 받았고 월세 임대료는 2배 이상을 받게 되었다. 이제 낙찰가에 맞게 변동된 임대료를 계산해 수익률을 계산해보자.

수익률 = 2,600,000원(총월세)×12개월 / 482,100,000원(낙찰가)−80,000,000원(총보증금)
= 31,200,000원 / 402,100,000원
= 0.077

　계산식에서 곱하기 100을 하면 7.7%의 수익률이 나온다. 단일 건물에서 7.7%의 수익률이 나오면 굉장히 우량물건이 된 것이다. 현 위치의 건물은 4.5% 정도 수익률이 나오면 매각이 가능한 물건이다. 역산으로 계산을 하면 매매가가 693,000,000원에 매각이 된다는 말이 된다. 월세를 올려받는 것도 기쁘지만 매매차익이 이미 200,000,000원 이상이 나는 우량 매물이 되었다.

이제 수익률이 이렇게 올라올 수 있도록 도와준 1, 2층 임차인과 약속을 지켜야 한다. 2층에 누수되는 부분을 잡기 위해 방수액 도포를 하고 그 위에 외벽 도색을 했다. 이왕 보수하는 김에 외관 또한 깔끔하게 만드는 것이 좋다. 나중에 매각하기 위해서 아무래도 외관이 깔끔한 것이 좋다. 그리고 외관이 예뻐야 손님들이 한 명이라도 더 찾아올 가능성이 크다. 그러니 장기적으로 보고 공사금액 40,000,000원을 더 투입했다.

건물 보수 공사

공사 전

공사 시작

출처 : 저자 작성

역시 보수공사 금원을 투입하니 우중충한 외관을 가지고 있던 건물 외
관이 깔끔한 흰색으로 탈바꿈했다. 보수공사 금원이 들어갔으니 이번에는
대출도 포함해 수익률을 다시 계산해봐야 한다.

수익률 = 2,600,000원(총월세)×12개월 / 482,100,000원(낙찰가)−
         80,000,000원(총보증금) + 40,000,000원(공사금액)−
         220,000,000원(대출금액)
       = 31,200,000원 / 222,100,000원
       = 0.14

계산식에 곱하기 100을 하니 수익률이 무려 14%가 나온다. 대출금액은 개인의 역량에 따라서 바뀌기 때문에 수익률 계산 시 빼고 기준을 잡는 것이 맞을지도 모른다. 하지만 우리는 실질적인 투자금을 계산하기 위해 대출금을 잡고 수익률을 계산했다.

이 상가건물은 총 2인이 같이 공동매입으로 진행했다. 대출비용을 제외하고 취득세를 더하면 1인당 들어간 원금이 약 122,000,000원이다. 현재 매각 시 1인당 약 시세차익이 100,000,000원 정도가 될 것이다. 시간이 지나면 지가의 상승으로 조금 더 시세차익 부분이 많을 것으로 예상이 된다.

또한, 이러한 부동산 물건의 좋은 점은 보유 시 월세가 지속해서 나오기 때문에 은행 대출이자를 내고도 1인당 매월 800,000원을 가져갈 수가 있다. 차익과 월세를 한 번에 가져갈 수 있는 우량한 매물이다.

플러스 팁

상가 및 다가구주택 수익률 분석 방법

상가, 다가구주택, 상가주택 등 수익형 부동산을 분석할 때 수익률이 얼마인지 따지게 된다. 지금같이 금리가 높은 시기에는 은행 금리보다 낮은 수익형 부동산을 투자하기가 어렵다.

미래가치가 현저히 높은 수익형 부동산이 아닐 때는 금리보다 높은 수익률이 나오는 물건에 투자를 해야 한다. 다음의 계산법을 통해 대출 레버리지를 활용하지 않고 다가구주택, 상가주택, 상가 등 자신만의 투자 수익률 규칙을 세워 투자하면 좋다 (예시 : 지방 다가구주택 수익률 10% 이상만 투자).

※ 월세 × 12개월
   매매가 - 보증금

MEMO

_____

_____

_____

_____

_____

_____

_____

_____

_____

_____

_____

_____

_____

_____

_____

_____

_____

_____

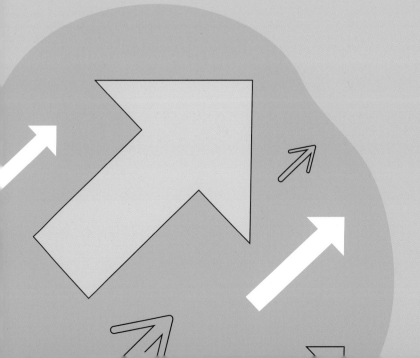

소액 투자로
빠르게 수익 내기

부동산 투자를 하면 대출도 쉽게 되지 않을 때가 있다. 특히 요즘같이 대출금액을 소득수준에 따라 묶어버리면, 하고 싶어도 하지 못할 때가 많다. 부동산 매입금액이 몇백만 원, 몇십만 원이면 좋겠지만 대부분 몇천만 원, 몇억 원이므로 대출 없이 매입이 불가능할 때가 많다. 소액 투자도 소액 투자지만 빠르게 수익이 나는 것이 가능한지 의문이 크다. 이런 조건에 투자로서는 경매를 추천하며 그중에서도 지분경매를 가장 추천한다.

경매 정보지를 검색하다 인근 가격에 비해 절대적으로 저렴한 토지가 나왔다. 토지 평수가 194평인데 감정가액이 10,000,000원이 넘지 않았다. 물론 거주하는 지역에서도 상당히 외곽지역이긴 하다. 거기에다 토지의 전체 필지가 나온 것도 아니고 일부 지분 필지만 나왔으며 토지 옆에 도로가 없어 맹지인 상황이었다.

위치도

단점이 많은 토지라 대부분의 사람은 이 상황을 보고 그냥 넘어갔다. 우리 또한 감정가액이 9,630,000원인 평당 49,580원이었지만 너무 단점이 많은 토지라 1회, 2회 유찰은 되리라 판단했다. 역시 신건에서 유찰이 되었다. 유찰되니 가격이 30% 다운이 되어 6,741,000원으로 경매에 나온다. 다시 평당가를 계산하니 평당 34,710원이 되었다.

　이 가격이 되니 생각이 바뀌기 시작한다. 대한민국 어디에 사과나무를 심은 토지 중 평당 3만 원짜리가 있는가 생각이 들었다. 아무리 맹지라도 대부분 평당 10만 원 이상은 줘야 거래가 되기 때문이다. 가격이 절대적으로 저렴하니 이제 그냥 매입해도 좋다는 생각이 들었다. 거기에다 지분으로 매입을 한다고 해도 대지 평수가 200평 가까이 되니 넓어서 좋다는 생각이 들었다.

　하지만 제일 중요한 것은 현장이다. 현장에 가보니 생각지도 못한 부분이 있었다. 경매 정보지에 나와 있는 현황보다 더 잘되어 있었다. 누군가가 돈을 들여 도로 및 상수도 공사를 해놓은 것이었다. 생각지도 못한 광경에 이 토지는 무조건 입찰을 해야 한다는 강한 마음이 일어났다.

당연히 입찰했고 인기가 없는 지역이라 단독으로 7,007,007원으로 낙찰받게 되었다. 대부분의 경매는 낙찰하면 한숨을 돌리는데 공유지분은 낙찰이 되어도 방심을 하면 안 된다. 왜냐하면, 공유자 우선 매수신청이 들어올 수 있기 때문이다. 관련 법은 지분이 제삼자에게 낙찰되면 부동산 전부를 사용하면서 공유자와 낙찰자 모두가 불편함이 발생한다. 그래서 공유지분권자가 온전한 부동산을 소유 및 수익하라는 취지로 매수청구권을 인정하는 것이다.

이때 공유자가 입찰자처럼 경매 시 입찰봉투를 제출하는 것이 아니다. 최고가 매수인이 발표되고 낙찰금액으로 공유자가 매수할 의사가 있는지 집행관이 그 자리에서 물어본다. 공유자는 낙찰금액이 발표될 때까지 기다리다가 매입 의사를 표시하고, 그 자리에서 입찰보증금만 지불한다. 그러면 최고가 낙찰자는 후순위로 밀리고 공유자가 해당 경매 물건을 낙찰을 받게 된다.

낙찰되자 집행관이 어김없이 공유자 우선매수하실 분이 있냐고 법정에서 이야기한다. 뒤에서 공유자가 우선매수를 한다고 손을 들고 나온다. 이번에는 헛걸음을 했다고 생각하고 있는데, 공유자가 입찰보증금을 가지고 오지 않았다고 한다. 우리 입장에서는 아주 고마운 상황이었다. 집행관에게 뒤에서 사람들이 기다리니 빨리 진행하라고 은근슬쩍 이야기했다. 집행관도 뒤에 기다리는 인원들을 보더니 우리를 최고가 매수인이라고 결정했다.

낙찰 영수증을 받고 경매 법정에서 나오니 우리를 부르는 사람들이 있었다. 뒤를 돌아보니 공유자가 저만치에서 우리를 부르면서 다가오고 있었다. 우리에게 오더니 바로 본론을 이야기한다. 자기가 이 토지를 꼭 매입을 해야 되니 잔금을 납부하지 말아달라며, 소정의 수수료를 주겠다고 이야기했다. 단기 차액으로 나쁘지 않지만, 우리가 계획했던 부분이 있기 때문에 거절했다.

"선생님, 우리는 차액을 보고 입찰한 것이 아닙니다. 저희도 농사를 지으려고 입찰한 겁니다."

공유자는 공유자 대부분이 우리 가족들이라고 이야기한다. 그리고 명함을 하나 건네면서 매각을 할 계획이면 자기가 있는 곳으로 와달라고 했다. 그날 담당 행정센터로 가서 농지취득자격증명원을 발급 신청을 하고 3일 뒤 발급을 받아 법원 경매계에 제출을 했다. 이후 잔금일이 고지되었고 별 무리 없이 소유권 취득을 했다.

소유권 이전을 하자마자 내용증명을 공유자들에게 보냈다. 며칠이 지나도 답변이 없어 우리는 경매로 매입한 토지 현장으로 갔다. 현장에 가보니 누군가가 열심히 작농하고 있다. 이제 일부분도 우리 땅이니 가벼운 마음으로 인사를 건네고 누구시냐고 물어보았다. 그분이 농사일을 멈추고 우리를 빤히 바라본다. 그리고 하소연을 하듯 우리에게 많은 것을 이야기하시기 시작했다. 거기서 우리는 많은 정보를 얻을 수가 있었다.

지금 농사를 하고 있는 사람이 토지 소유자들과 친척 관계에 있으며 농사를 짓기 위해 자기가 거금을 들여 도로 및 상수도 공사를 했다고 한다. 자기도 공짜로 이 토지를 사용하는 것이 아니고 토지 주인들에게 일정 부분을 임대료를 주면서 임대차 계약도 했다고 했다. 그런 상황에 토지 일부분이 경매에 매각이 되니 자신은 분통이 터져서 임대인들에게 따져 물어 감정이 그렇게 좋지 않다고 한다.

이 말을 전부 믿을 수는 없지만 확인할 필요는 있다. 경작하시는 분에게 마음이 안 좋은 것을 이해한다고 말씀드리고 우리도 웬만하면 협의하에 매각을 진행한다고 이야기를 했다. 그 후 바로 관련 행정센터에 들러 사실 관계를 확인했고 이장님도 직접 만나 이야기를 전해 들었다. 확실히 임대 차 관계가 맞는 모양이다.

일단 운을 띄워놨으니 공유자들한테서 연락이 올 것으로 생각했다. 동 네 탐방을 한번 했더니 바로 그다음 날 연락이 왔다. 처음부터 가격 조율 을 진행하려고 운을 띄웠지만, 우리도 생각해둔 바가 있었기 때문에 단도 직입적으로 이야기했다.

"선생님. 토목공사비만 5,000만 원 이상이 드신 것 같은데 그냥 2,000 만 원만 주시면 소유권을 이전하도록 하겠습니다."

이야기를 건네니 가격을 좀 조정해달라고 한다. 이야기하고도 어느 정 도 조정이 들어올 것 같았기 때문에 그 자리에서 300만 원을 더 조율해준 다. 그리해 매매가 17,000,000원으로 확정이 되어 계약금을 입금받았다. 며칠 후 공유자와 법무사사무실에서 만나 잔금을 받고 소유권을 이전했 다. 이 기간이 낙찰 후 50일이 소요되었다. 짧은 기간 동안 약 1,000만 원 이라는 차익분이 생겼다. 토지를 투자하면 수익까지 기간이 많이 소요되 고 투자금이 많이 든다는 일반적인 개념을 깨뜨린 투자가 아닐까 하는 생 각이 든다.

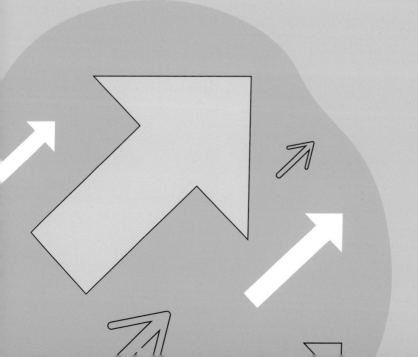

하락장을 이기는 아파트 투자

2022년 1월부터 아파트의 상승장이 마무리 단계라는 것이 온몸으로 체감이 되었다. 하지만 상승이 끝났다고 해서 아파트 투자가 끝나는 것은 아니다. 상승장에서도 크게 오르지 못한 아파트들이 있으니 하락장에도 하락하지 않는 아파트들이 있다. 그런 아파트들을 경·공매로 매입하면 시세보다 저렴하게 매입할 수 있으니 매각 시에도 차익분이 있다.

우리도 2022년 3월부터 하락장에도 수익을 낼 수 있는 아파트들을 경매, 공매로 매입했다. 매입한 모든 아파트를 소개하기보다 그중에 특히 인상이 깊은 아파트 투자 건을 이야기하려고 한다. 우리가 거주하고 있는 지역에 물건번호 1번부터 89번까지 경매로 한 아파트에서 89채의 물건이 나왔다.

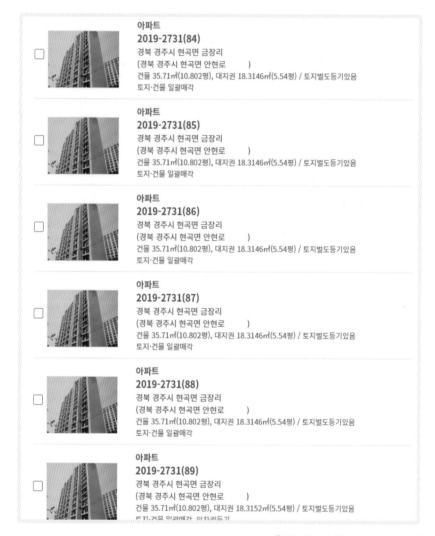

아파트
2019-2731(84)
경북 경주시 현곡면 금장리
(경북 경주시 현곡면 안현로   )
건물 35.71㎡(10.802평), 대지권 18.3146㎡(5.54평) / 토지별도등기있음
토지·건물 일괄매각

아파트
2019-2731(85)
경북 경주시 현곡면 금장리
(경북 경주시 현곡면 안현로   )
건물 35.71㎡(10.802평), 대지권 18.3146㎡(5.54평) / 토지별도등기있음
토지·건물 일괄매각

아파트
2019-2731(86)
경북 경주시 현곡면 금장리
(경북 경주시 현곡면 안현로   )
건물 35.71㎡(10.802평), 대지권 18.3146㎡(5.54평) / 토지별도등기있음
토지·건물 일괄매각

아파트
2019-2731(87)
경북 경주시 현곡면 금장리
(경북 경주시 현곡면 안현로   )
건물 35.71㎡(10.802평), 대지권 18.3146㎡(5.54평) / 토지별도등기있음
토지·건물 일괄매각

아파트
2019-2731(88)
경북 경주시 현곡면 금장리
(경북 경주시 현곡면 안현로   )
건물 35.71㎡(10.802평), 대지권 18.3146㎡(5.54평) / 토지별도등기있음
토지·건물 일괄매각

아파트
2019-2731(89)
경북 경주시 현곡면 금장리
(경북 경주시 현곡면 안현로   )
건물 35.71㎡(10.802평), 대지권 18.3152㎡(5.54평) / 토지별도등기있음
토지·건물 일괄매각, 이차권등기

출처 : 탱크경매(이하 경매 정보 동일)

위치도

　감정가가 1층은 47,000,000원이고 그 이상의 층들은 50,000,000원 이상으로 감정이 되어 있었다. 소유권 보존이 1998년 2월이니 25년이 지난 구축 아파트였다. 아파트 상승장에도 관심을 두고 투자하기가 어려운데 하락장에는 더더욱 투자하기가 쉽지가 않다.

　입지는 경주에서 월세, 전세가 잘나가는 지역이다. 주변에는 아파트 단지들이 둘러 싸여 있고 아파트 바로 앞에 초등학교가 붙어 있다.

　현재 경매로 나와 있는 아파트는 전체 호실이 공공주택 임대로 전세 및 월세로 임차인들이 거주하고 있었다. 매매 사례가 없으니 근방에 나와 있는 아파트로 시세를 분석할 수밖에 없었다. 하지만 인근에 원룸 전세가가 40,000,000원을 하며 월세 또한 300,000원 이상을 했다. 그걸 바탕으로 역산했고, 같은 평형에 현 입지보다 입지가 좋지 않은 아파트 매매가 53,000,000원을 한다는 것을 알고 있었다. 그러니 현 아파트 매매 시세가 적어도 60,000,000원 이상을 한다는 생각이 들었다.

매각물건명세서를 보다 보니 특이한 사항이 발견된다. 공공주택특별법으로 한국토지주택공사에 우선매수권이 있으며 그 이외의 자가 이 주택을 매수할 경우 그 매수인은 당해 부도임대주택의 임차인에게 3년의 범위에서 대통령령으로 정하는 기간 동안 종전 임대조건으로 임대할 의무가 있음이라는 비고 설명이 나와 있었다.

매각물건명세서 비고란

> 비고란
> 1. 공공주택특별법 제41조에 따라 매입대상주택으로 지정·고시되었으며, 주택매입사업자인 한국토지주택공사에 우선매수권이 있음.
> 2. 이 주택은 공공주택 업무처리지침 제44조 제4항, 부도 공공건설임대주택 임차인 보호를 위한 특별법 제10조 제5항에 따라 주택매입사업시행자(한국토지주택공사) 이외의 자가 이 주택을 매수하는 경우에는 그 매수인은 당해 부도임대주택의 임차인에게 3년의 범위 내에서 대통령령으로 정하는 기간 동안 종전 임대조건으로 임대할 의무가 있음.
> 3. 토지에 대하여 별도등기있으나, 매각으로 말소됨.

이 설명을 보는 순간 경쟁자가 별로 없겠다는 생각이 들었다. 막상 힘들게 조사해 낙찰했는데 한국토지주택공사에서 우선매수권으로 낙찰의 지위를 뺏어가 버리면 얼마나 허탈하겠는가?

하지만 우리는 이 특별한 매각조건이 저렴한 가격으로 매입할 수 있는 기회라고 생각했다. 직접 현장에 가니 생각했던 것보다는 관리가 잘되고 있었다. 세월의 흔적으로 노후화는 어쩔 수가 없었다. 아파트 외관 도색과 오래 사용한 엘리베이터에서 이 아파트의 세월의 흔적을 느낄 수가 있었다.

그래도 깔끔하게 정돈된 주변 모습에 관리 사무소가 운영되는 것 같아 바로 앞에 관리실로 방문을 했다. 관리소에는 오래 근무한 소장님이 앉아 계셨는데 우리를 보더니 경매때문에 온 거냐고 물어봤다. 그렇다고 이야기하자 소장님은 헛수고라는 식으로 이야기했다. 이미 한국토지주택공사에서 현장을 다 확인했고 주택공사 측에서 매입을 진행한다고 했다. 그리고 주택공사에 우선매수권이 있으니 우리가 낙찰된다고 해도 한국토지주택공사에서 다 매입을 해갈 것이라고 했다. 한국토지주택공사가 한 아파트 호실을 매입하게 되면 외관 도색과 아파트 엘리베이터도 교체해준다고 이야기를 다 하고 돌아갔다고 했다.

우리는 마지막 말에 더 흥분이 되었다. 만약 현재의 나홀로 아파트의 노후화된 부분이 보수가 되고 외관도 LH로 바뀌게 되면 가치가 더 상승할 것이라고 봤다. 하지만 한국토지주택공사의 우선매수권을 없앨 방법이 없었다. 그래도 한국토지주택공사에서 놓치는 호실이 존재할 것이라고 보고 입찰을 결정했다.

입찰 당일 생각보다 사람이 많지는 않았다. 예전 비슷한 아파트가 유찰되어 반값으로 나왔을 때는 서울에서도 입찰하러 몰려들었다. 아무래도 한국토지주택공사의 우선매수권이 경쟁자를 미리 차단한 것 같았다. 일단 한국토지주택공사도 모든 호실을 매입하면 조금 버겁지 않을까 하는 생각에 최저가보다 조금 더 써서 낙찰가를 산정했다. 이제부터 운이 맡기고 5개 호실을 입찰했다.

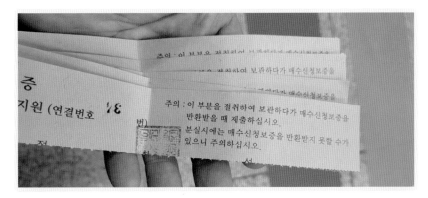

출처 : 저자 작성

수취증 5장을 받고 입찰한 물건의 낙찰 결과 발표를 기다리고 있었다. 시간이 조금 지나자 법원 경매장이 웅성웅성하기 시작한다. 필자도 답답한 마음에 법원 밖에서 기다리고 있다가 사람들 소리에 법원 안을 쳐다봤다. 입찰한 사건번호에 물건번호가 호명될 때마다 한국토지주택공사 대리인이 우선매수권을 사용하면서 아무도 입찰하지 않은 아파트 호실을 최저가에 매입해가고 있었다. 저층은 대부분 입찰을 하지 않아서 한국토지주택공사가 전부 매입했다.

출처 : 저자 작성

간간이 입찰한 사람들이 있었지만, 이것 또한 한국토지주택공사 대리인이 우선매수권을 신청해 다 가져갔다. 우리 또한 최저가보다 좀 더 썼지만 5개 중 3개는 한국토지주택공사에 뺏기고 말았다.

낙찰가는 38,820,000원으로 5개 전부 같은 가격에 매입을 시도했다. 한국토지주택공사는 가격에 의해 매수를 포기하는 것이 아닌 것 같았다. 기준점은 모르겠지만 2개의 호실이라도 낙찰이 되어 기뻤다.

다음 달 관리사무소 소장님을 만나 이야기를 하니 법원에서 연락이 와서 낙찰자가 소유권 이전 후에 사용하라고 했다고 했다. 결국, 잔금 납부 기일을 기다려 잔금을 다 납입하고 관리사무소 소장님을 찾아갔다.

낙찰받은 호실의 문을 열기 위해 1호실은 키를 받았지만 1호실은 이사하면서 키를 반납하지 않았다고 한다. 별수 없이 열쇠집에 전화해 현관문을 개방해달라고 했다.

전문가라서 그런지 5분 만에 문을 개방한다. 개방된 집에 들어가니 안은 깨끗이 비어 있다. 안을 확인하니 싱크대는 아직 사용할 만했고 화장실은 리모델링이 필요해보였다. 전망도 아주 좋아서 마음에 들었다.

열쇠 수리 현장

아파트 현장

출처 : 저자 작성

출처 : 저자 작성

일단 인테리어 수리 견적을 받고 아파트 리모델링 작업을 시작했다. 먼저 신발장, 화장실을 철거했다. 베란다, 화장실 타일 시공을 하고 난 뒤 화장실을 도기 작업을 했다. 이후 도배, 장판을 진행했다. 전기 콘센트와 전등을 다 교체하니 완전히 새집으로 변신했다. 비용은 6,000,000원에 공사 기간은 3주 정도 소요가 되었다.

깔끔히 공사가 완료되었으며 공사 기간에 전세를 55,000,000원에 내놓았는데 바로 세입자가 찾아와 계약했다. 취등록세 및 아파트 매입비, 인테리어비를 더해도 45,000,000원이 들었다. 전세를 맞추고 나니 아파트 매입비와 수리비를 빼고도 통장에 10,000,000원이 들어와 있었다. 투자금이 더 늘어났으며 한국토지주택공사에서 아파트 외관 수리 및 엘리베이터 공사까지 다 하고 나면 한 호실당 매매가 70,000,000원 이상이 될 것으로 보인다.

아파트 갭 투자 장단점

아파트 갭 투자란 매매가와 전세가 간의 차이만큼 투자해 향후 매매를 통해 수익을 얻는 방식이다. 갭이 작을수록 실제 투입하는 금액이 줄어들므로 소액으로 투자가 가능한 장점이 있다.

아파트 상승장에서는 갭 투자를 통해 많은 수익이 있지만 그만큼 전세보증금 레버리지를 활용하는 만큼 하락장에서는 매매가와 전세가 하락한 만큼 손해가 큰 투자 방법이다. 상승장 초기에는 소액으로 어떤 투자방식보다 큰 수익이 발생할 수 있지만 대세 상승장인지 반짝 반등인지 하락장 시작인지 아파트 시장에 대한 이해를 하고 투자해야 한다.

그래도 경매를 통한 아파트 투자는 현재 시세보다 저렴하게 투자할 수 있어 안전마진을 가지고 아파트 투자가 가능하다. 아파트 시장에 대한 이해하고 경매를 활용해 투자한다면 수익을 극대화할 수 있을 것이다.

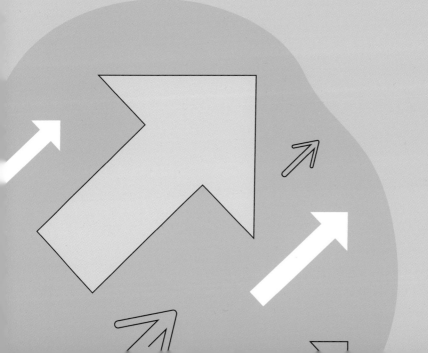

하락장을 이기는
입지 좋은 상가주택

2023년 초가 되었다. 새해에는 기쁜 일이 많아야 하는데 아파트 경기가 좀처럼 풀릴 생각이 없다. 은행 금리는 더욱 높아져 7%에 육박하니 매수세가 확연히 줄어든 모습을 보인다. 2022년만 해도 공시지가 1억 원 이하 아파트는 쉽게 거래가 되었는데 지금은 움직임이 크게 없다.

시세차익은 아무래도 아파트 투자보다는 토지 투자가 현 시장에서 더 좋아 보인다. 하지만 토지 투자의 문제점이 분명히 존재한다. 토지 매입 시 담보대출을 설정해 매입하게 되면 매각 정리할 때까지 대출이자에 대한 압박감이 있다.

특히 현 시장처럼 대출금리가 높으면 압박감이 더욱 심하다. 이런 상황일 때는 입지 좋은 상가주택을 매입하는 것이 좋다. 상가주택은 토지를 깔고 있기 때문에 입지가 좋으면 시간이 지날수록 토지 시세 상승분이 있다. 담보대출 시 건물에서 월세가 나오기 때문에 대출 부분의 이자를 제하고도 월 차익분이 생기기 때문이다. 경매 정보지로 검색하다 보니 우리가 생각하던 상가주택이 경매로 나와 있었다.

상가주택의 입지는 위치도에서 보듯이 부산으로 가는 경전철역 앞에 있다. 그리고 우측에는 공단지역이라 일자리가 많다. 위로는 인제대학교 캠퍼스가 있다. 따라서 근로자 및 학생 수요가 많다. 수요가 많으니 주택 부분의 공실 걱정은 하지 않아도 된다.

상가도 전용 부분이 크지 않고 1층이라 현재 임차해 있는 업체가 빠져

경매 정보지

경매 2021타경109987

진행내역 : 경매개시 89일 배당요구종기일 295일 최초진행 70일 매각 30일 납부 41일 배당기일 (525일 소요)

창원지방법원 9계 (055-239-2119)

상가주택 토지·건물 일괄매각 임차권등기

매각일자 2023.01.25 (수) (10:00)

경상남도 김해시 삼정동 새주소검색
(도로명주소:경남 김해시 인제로11번길)

토지면적	343.9㎡(104.03평)	소유자	파산자 이경 의 파산관재인 권연	감정가	1,414,631,120
건물면적	595.05㎡(180.003평)	채무자	파산자 이경 의 파산관재인 권연	최저가	(64%) 905,364,000
개시결정	2021-10-28(임의경매)	채권자	농협자산관리회사	매각가	(72%) 1,022,222,200

간략보기 ▲

오늘: 1 누적: 638 평균(2주): 1

구분	매각기일	최저매각가격	결과
1차	2022-11-16	1,414,631,120	유찰
2차	2022-12-21	1,131,705,000	유찰
3차	2023-01-25	905,364,000	

전경도   전경도

출처 : 탱크경매(이하 경매 정보 동일)

위치도

도 금방 다른 업체와 계약을 할 수 있을 것으로 보였다. 현장에 가서 자세히 조사를 해보니 1층은 상가, 2층은 거실과 방이 있는 미니 투룸이 2격실, 거실과 주방이 있으며 방이 3개 있는 주인세대 1격실, 3층과 4층은 미니 투룸 3격실, 정투룸 1격실이 있었다.

이 상가주택의 객실은 상가 1격실, 미니 투룸 8격실, 정투룸 2격실, 스리룸 1격실로 구성이 되어 있었다. 객실을 월세 임차로 전부 맞추면 보증금 150,000,000원에 월세 7,000,000원 이상이 될 것으로 예상이 되었다. 조사가 전부 끝났으니 이제 입찰을 해야 한다.

경매 **2021타경109987**

진행내역: 경매개시 89일 | 배당요구종기일 295일 | 최초진행 70일 | 매각 30일 | 납부 41일 | 배당기일 (525일 소요)

창원지방법원 9계 (055-239-2119)

상가주택　토지·건물 일괄매각 임차권등기

매각일자 2023.01.25 (수) (10:00)

경상남도 김해시 삼정동 　새주소검색
(도로명주소:경남 김해시 인제로11번길

토지면적	343.9㎡(104.03평)	소유자	파산자 이경 의 파산관재인 권연	감정가	1,414,631,120
건물면적	595.05㎡(180.003평)	채무자	파산자 이경 의 파산관재인 권연	최저가	(64%) 905,364,000
개시결정	2021-10-28(임의경매)	채권자	농협자산관리회사	매각가	(72%) 1,022,222,200

물저보기 ▼

오늘: 1 누적: 638 평균(2주): 1

구분	매각기일	최저매각가격	결과
1차	2022-11-16	1,414,631,120	유찰
3차	2023-01-25	905,364,000	

매각 1,022,222,200원 (72.26%) / 입찰 5명 / 김성

(2위금액 997,777,770원)

매각결정기일: 2023-02-01 - 매각허가결정

지급기한: 2023-03-03

납부: 2023-02-24

배당기일: 2023-04-06

전경도　　　전경도

사진 ▼　　지도 ▼

　낙찰가는 1,022,222,200원으로 입찰자가 5명 중 1등을 했다. 생각보다는 입찰자 수가 많지는 않았다. 이 인근에는 공급대비 수요가 많아 경쟁자가 상당히 많을 것으로 예상을 했는데 금리의 영향으로 좋은 가격에 낙찰받았다. 만약 대출 없이 소유권 이전을 해 격실 전부를 월세로 임차로 맞추면 수익률이 10% 이상이 나온다. 낙찰을 받았으니 기존 임차를 하는 세입자들을 명도를 해야 한다. 임대차 현황서를 보고 있으니 명도가 쉽지 않겠다는 생각이 들었다.

임대차 현황

목록	임차인	점유부분/기간	전입/확정/배당	보증금/차임	대항력	분석	기타
1	김단	주거용 304호 2020년03월02일 ~ 현재	전입:2020-05-08 확정:2020-03-02 배당:2021-12-01	보:90,000,000원 월:100,000원		전세권자로 순위배당 있음	전세권등기자
2	김도	주거용 401호 2018년08월04일 ~ 현재	전입:2018-08-02 확정:2018-08-02 배당:2021-11-04	보:65,000,000원 월:50,000원		전세권자로 순위배당 있음	전세권등기자
3	김외	주거용 301호 2019년09월26일 ~ 현재	전입:2019-09-26 확정:2019-09-26 배당:2021-11-04	보:65,000,000원 월:50,000원	없음	순위배당 있음	임차인
4	김현	주거용 202호 2019.06.26. ~ 현재	전입:2021-06-29 확정:2021-06-29 배당:2022-01-20	보:65,000,000원 월:50,000원		전세권자로 순위배당 있음	전세권등기자
5	모남	점포 1층 101호 상가 2015년09월23일 ~ 현재	사업:2015-11-05 확정:미상 배당:없음	보:10,000,000원 월:400,000원 환산:5,000만원	없음	배당금 없음	임차인 [현황서상 차:35만원] (계약서상 40만 원)]
6	문정	주거용 미상	전입:2020-03-11 확정:미상 배당:없음	보:미상	없음	배당금 없음	임차인
7	박윤	주거용 402호 2017년09월23일 ~ 현재	전입:2020-01-20 확정:2017-10-13 배당:2021-11-04	보:40,000,000원 월:350,000원	없음	소액임차인 주임법에 의한 최우선변제 액 최대 1,500만원 순위배당 있음	임차인
8	손유	주거용 미상	전입:2020-04-14 확정:미상 배당:없음	보:미상	없음	배당금 없음	임차인
9	안영	주거용 201호 2019.02.27. ~ 현재	전입:2019-03-04 확정:2019-02-01 배당:2022-01-20	보:63,000,000원 월:100,000원	없음	순위배당 있음	임차권등기자
10	정석	주거용 403호 2019년05월09일 ~ 현재	전입:2018-05-31 확정:2019-05-09 배당:2021-11-05	보:70,000,000원 월:80,000원	없음	순위배당 있음	임차권등기자
11	정희	주거용 302호 2015.06.08. ~ 현재	전입:2015-06-05 확정:2015-06-16 배당:2021-12-10	보:45,000,000원 월:250,000원	없음	순위배당 있음	임차인
12	진은	주거용 203호 2015.05.27. ~	전입:2015-05-29 확정:2015-05-29 배당:2022-01-06	보:140,000,000원 월:100,000원	없음	순위배당 있음	임차인 [현황서상 확:2019- 12-09]
13	한창	주거용 303호 2015.05.23. ~	전입:2015-08-31 확정:2015-08-31 배당:2021-12-21	보:65,000,000원 월:100,000원	없음	순위배당 있음	임차인
14	황영	주거용 404호 2016년12월30일 ~ 현재	전입:2016-12-30 확정:2016-12-30 배당:2021-11-11	보:90,000,000원 월:100,000원		전세권자로 순위배당 있음	전세권등기자

임대차 관계가 14명이 있었으며 보증금도 소액임차보증금 이상으로 보증금을 걸었기 때문에 대부분의 임차인이 최우선변제금액도 못 받는 상황이었다. 피해액이 제일 큰 세입자는 보증금 중 일부인 120,000,000원을

받지 못하는 세입자였다.

또한, 보증금 90,000,000원 중 한 푼도 받지 못하는 세입자도 있었다. 개인별로 이렇게 보증금을 크게 잃게 되면 낙찰자와 협의가 잘되지 않는다. 개인별 연락처를 알아야 되기 때문에 낙찰 후 며칠 뒤에 다시 관련 법원으로 간다.

최고가 매수인 자격으로 관련 서류를 열람 및 복사신청을 해 경매계에 제출했다. 담당자가 서류 한 묶음을 주면서 열람 테이블로 안내했다. 임차인 모두가 배당신청을 해 서류에 연락처가 전부 기재되어 있었다. 연락처를 전부 옮겨 적고 경매계에 서류를 반납했다.

일단 현장으로 가서 매물의 상태를 다시 한번 확인했다. 임차인들이 서로 단합이 되는지 건물 주변이 깨끗하다. 1층 상가는 영업하고 있어서 간단히 인사를 나누고 곧 건물주인이 바뀌니 재계약 내지는 이사를 하셔야 한다고 이야기했다. 1층 세입자는 세만 맞으면 현 상태에서 임차계약을 계속하고 싶다는 의사를 내비쳤다.

이야기가 끝나고 나머지 호실도 다 방문했지만 대부분 일을 나가 집을 비운 상태였고 3층 세입자 한 분만 더 만나게 되었다. 세입자분과 이런저런 이야기를 나누면서 현 세입자들의 상황을 대부분 알 수가 있었다.

3층 세입자는 보증금을 전부 찾아가는 임차인이라 집 내부도 사진을 찍어갈 수 있도록 흔쾌히 수락을 해주었다. 3층 세입자는 자신은 배당으로 보증금을 다 찾아가면 이사를 나가겠다고 이야기해 2월 말 소유권 이전 시 협의서를 작성하자고 했다.

경매 정보지에 나와 있는 임대차 관계가 한눈에 보기가 힘들어 다시 한 번 엑셀로 현황을 작성했다. 여기서 중점은 보증금을 받아가는 임차인, 일부만 받아가는 임차인, 보증금을 받아가지 못하는 임차인으로 구분해야 한다. 임차인 중 보증금을 일부라도 받아가는 사람과 보증금을 한 푼도 받지 못하는 사람은 대화 시 목소리 톤부터가 다르기 때문이다.

또한, 보증금을 한 푼도 받지 못하는 임차인과는 대화를 잘못 이끌어 나가면 명도 자체가 아주 오래 걸릴 수가 있다. 우리는 시간 또한 돈이기 때문에 세입자들과 이야기를 통해 적정선에 협의하는 것이 낫다. 물론 세입자의 과한 이사비 요구는 들어줄 필요가 없다. 세입자가 이사비를 과하게 요구하면 법원의 인도명령을 이용해 강제집행하는 것이 이득일 수도 있다.

이제 임차인 12명과 전화로 대화를 시작해야 한다. 역시나 보증금을 전부 받는 임차인은 수월하게 대화가 되었다. 배당기일에 이사 나가기로 하거나 재계약 의사를 밝혔다. 일부의 배당을 받아가는 임차인들 또한 마찬가지로 이야기가 진행되었다. 문제는 배당을 받아가지 못하는 임차인 중에 있었다. 몇 명은 이야기가 잘 진행되어 이사를 나가게 되었는데 연락을 1번 받고 아예 연락이 안 되는 임차인이 있었다. 아무리 연락해도 전화가 되지 않아 다른 세입자들과 협의서 및 계약서를 다 쓰고 강제집행을 할 계획을 했다.

임차인들과 몇 번의 설왕설래 끝에 소유권 이전하는 날과 며칠 뒤에 협의서와 계약서를 대부분 작성했다. 협의서를 작성하면서 임차인들과 이야기를 나누는 중 연락이 안 되는 세입자 요구 사항을 알게 되었다. 연락이 안 되는 세입자는 이미 자신이 보증금을 돌려받을 길이 없으니 3월 말에 나갈 것이라고 이야기를 했다. 옆에 사는 세입자에게 자신의 짐을 부탁했다는 것이다. 우리가 굳이 연락하지 않아도 임차인 스스로가 나간다고 이게 웬일인가 싶었다. 하지만 확실히 해둬야 할 부분이 있으니 짐을 맡고 있는 세입자에게 협의서를 작성하면 이사비 500,000원은 챙겨드릴 수 있도록 꼭 연락을 달라고 이야기했다.

며칠 뒤에 연락이 안 된 세입자에게 연락이 왔고 무사히 명도를 진행할 수 있었다. 세입자 중 재계약한 몇 분을 제외하고 4월 6일 배당일 기준으로 대부분 이사를 내보냈다. 이사 나간 집들은 고장난 부분을 수리하고 빠르게 세를 놓았다.

대부분 미니 투룸 형식이라 보증금 10,000,000원에 월세 550,000원을 받고 세 놓았다. 이제 수익률을 계산해봐야 한다. 낙찰가는 1,022,222,200

원이며 은행에서 담보대출은 740,000,000원을 받았다.

수익률 표

(단위 : 원)

		월세	보증금		기타	
1층	상가	400,000	10,000,000		대출	740,000,000
					대출이자	47,360,000
2층	미투	550,000	10,000,000		보증금합계	320,000,000
	미투	550,000	10,000,000		총월세	5,500,000
	쓰리룸	100,000	120,000,000		총연세	66,000,000
3층	미투	550,000	10,000,000		낙찰가	1,022,222,222
	미투	550,000	10,000,000		실투자금액	-37,777,778
	미투	550,000	10,000,000		연세-대출이자	18,640,000
	정투	500,000	20,000,000			
					수익률	무한대
4층	미투	550,000	10,000,000			
	미투	550,000	10,000,000			
	미투	550,000	10,000,000			
	정투	100,000	90,000,000			

출처 : 저자 작성

막상 보증금을 다 받고 보니 원금이 전부 회수되었고 목돈이 되려 37,000,000원 이상이 생겼다. 월세를 받는 부분에서 대출이자를 제하면 월세 1,550,000원 이상의 현금흐름이 발생했다. 월세 임차가 다 맞춰지니 우리 돈이 한 푼도 들지 않아 수익률은 무한대다. 거기다 현재 매물의 가치는 1,500,000,000원 이상을 하니 매매차익은 덤이다.

알아둬야 할 주택임대차보호법

사회초년생이나 부동산에 관심이 없는 사람들이 잘못된 지식이나 정보로 인해 주택 전세보증금이나 월세보증금을 잃어버리는 경우가 있다. 부동산에 적극적인 관심을 안 가지더라도 어떤 식으로든 거주를 해야 하기에 최소한의 부동산 지식이 있어야 나의 자산을 지킬 수가 있다. 지역별 보증금 범위 이내에 보증금으로 설정해야 최우선변제액까지 돌려받을 수 있다.

계약 일자에 따라 보증금 및 최우선변제액이 변하니 최신의 자료를 확인하자. 지역별 보증금 범위가 다르지 아래의 그림을 참고해서 보증금 범위를 설정하고 최우선변제액은 전입신고 및 확정일자만 등록해둔다면 웬만하면 잃어버리는 일이 없다. 전입신고 및 확정일자는 가까운 주민센터에서 등록하거나 정부24 사이트 및 대법원 인터넷 등기소에서 가능하다.

| 주택소액임차인 최우선 변제금

담보물권설정일	지 역	보증금 범위	최우선변제액
2016. 3. 31 ~ 2018. 09. 17	서울특별시	1억원 이하	3,400만원 까지
	수도권정비계획법에 따른 과밀억제권역 (서울특별시는 제외한다)	8,000만원 이하	2,700만원 까지
	광역시(수도권정비계획법에 따른 과밀억제권역에 포함된 지역과 군지역은 제외한다.),세종특별자치시, 안산시, 용인시, 김포시, 광주시	6,000만원 이하	2,000만원 까지
	그 밖의 지역	5,000만원 이하	1,700만원 까지
2018. 09. 18 ~ 2021. 05. 10	서울특별시	1억1천만원 이하	3,700만원 까지
	수도권정비계획법에 따른 과밀억제권역(서울특별시 제외), 세종특별자치시, 용인시, 화성시	1억원 이하	3,400만원 까지
	광역시(수도권정비계획법에 따른 과밀억제권역에 포함된 지역과 군지역은 제외한다.), 안산시, 김포시, 광주시, 파주시	6,000만원 이하	2,000만원 까지
	그 밖의 지역	5,000만원 이하	1,700만원 까지
2021. 05. 11 ~ 2023. 02. 20	서울특별시	1억5천만원 이하	5,000만원 까지
	수도권정비계획법에 따른 과밀억제권역(서울특별시는 제외한다), 세종특별자치시, 용인시, 화성시, 김포시	1억3천만원 이하	4,300만원 까지
	광역시(수도권정비계획법에 따른 과밀억제권역에 포함된 지역과 군지역은 제외한다.), 안산시, 광주시, 파주시. 이천시, 평택시	7,000만원 이하	2,300만원 까지
	그 밖의 지역	6,000만원 이하	2,000만원 까지

서울특별시	1억6,500만원 이하	5,500만원 까지
수도권정비계획법에 따른 과밀억제권역(서울특별시는 제외한다), 세종특별자치시, 용인시, 화성시, 김포시	1억4,500만원 이하	4,800만원 까지
광역시(수도권정비계획법에 따른 과밀억제권역에 포함된 지역과 군지역은 제외한다.), 안산시, 광주시, 파주시. 이천시, 평택시	8,500만원 이하	2,800만원 까지
그 밖의 지역	7,500만원 이하	2,500만원 까지

(표 왼쪽) 2023. 02. 21 ~

수도정비계획법 중 과밀억제권역

서울특별시, 의정부시, 구리시, 하남시, 고양시, 수원시, 성남시, 안양시, 부천시, 광명시, 과천시, 의왕시, 군포시, 인천광역시[강화군, 옹진군, 서구 대곡동, 불로동, 마전동, 금곡동, 오류동, 왕길동, 당하동, 원당동, 인천경제자유구역(경제자유구역에서 해제된 지역을 포함한다) 및 남동 국가산업단지는 제외한다], 남양주시(호평동, 평내동, 금곡동, 일패동, 이패동, 삼패동, 가운동, 수석동, 지금동 및 도농동만 해당한다), 시흥시[반월특수지역(반월 특수지역에서 해제된 지역을 포함한다)은 제외한다]

만약 경매를 통해 다가구주택을 취득했을 때 전입일자에 담보물권 설정일에 따라 소액임차인 대상인지 얼마를 돌려줘야 하는지 알아보는 자료로도 활용할 수 있다. 소액임차인의 경우 경매가 진행되었을 때 최우선으로 돌려받기도 하고 배당을 신청하지 않았을 때 낙찰자가 인수해야 되는 경우가 있다.

대출할 때도 소액임차인 최우선변제금에 대해서 알아야 한다. 다가구주택이나 상가주택 대출 시 해당 지역 소액임차인 범위만큼 빼고 대출을 해준다. 다른 권리보다 먼저 갚아주기 때문에 대출하는 은행에서도 그만큼 리스크를 줄이고자 대부분 방개수 x 소액임차인 부분을 빼고 대출을 해준다.

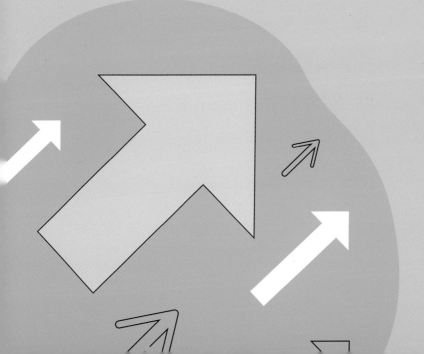

소액으로
택지 토지 투자

토지 투자 중에 택지 투자가 가장 쉽다는 말이 있다. 특히 공공택지 분양은 인기가 높은 편이다. 국가 또는 지자체, 토지주택공사 등에서 토지를 수용하고 건물을 지을 수 있는 기반을 갖춘 후에 민간에 분양하는 것이라서 인기가 좋다. 이런 토지는 분양을 받게 되면 계약금 10%만 넣고 중도금은 은행 대출을 이용한다.

택지 공사로 기반시설이 들어오면서 프리미엄이 형성된다. 이후 매도를 하면 쉽게 시세차익을 거둘 수가 있다. 예를 들어 100평 토지가 분양가가 500,000,000원이면 분양당첨 시 계약금 10%인 50,000,000원만 지불하고 택지가 완성될 때까지 중도금은 은행 대출로 버티기가 가능하다. 그 중간 택지가 완성되려는 모습이 보이면 프리미엄이 형성되어 차익이 발생하는 구조다. 하지만 택지 중에도 입지가 좋은 곳은 청약 당첨도 힘들지만, 분양가 자체가 높아 개인이 쉽게 들어갈 수 있는 구조는 아니다. 하지만 경매로는 시세보다 저렴하게 매입할 수 있다. 대출을 이용하면 자기부담금이 크게 들지 않아 소액으로도 충분히 입지가 좋은 택지를 매입할 수가 있다. 경매 정보지를 검색하다 한눈에 들어오는 택지가 경매로 나와 있었다.

경매 정보지

출처 : 탱크경매(이하 경매 정보 동일)

현 토지의 위치는 약 1,000세대 아파트 정문 바로 앞에 있었다. 세대수가 500세대 이상 아파트면 충분히 소비 수요가 일어나기 때문에 토지의 위치는 더할 나위 없이 좋아보였다. 그리고 아파트 옆에 국가산업공단이 있어 일자리도 충분했다. 주변 택지의 가격이 계속 좋아질 여지가 보였다.

옆에 공단도 공단이지만, 인근에 물류가 이동하기 편하게 기차역도 최근에 개통이 되었다. 정부에서 산업단지를 조성하고 역을 하나 개통시키는데 많은 돈이 들어가게 마련이다. 국가에서 이미 많은 돈을 들여서 놓은 곳이기 때문에 경매에 나와 있는 토지가 더 좋아보였다.

위치도

대략적인 것은 인터넷을 이용해 손품으로 조사했으니 현장에 나가봐야 했다. 손품 조사 시에는 아무리 좋아보여도 입찰 전에는 꼭 발품을 팔아야 한다. 막상 현장에 가면 좋을 것으로 생각했던 부분이 나쁘게 여겨지는 예도 있기 때문이다. 마침 김해에 명도 현장에 있어 다녀오면서 경매 정보지에 나와 있는 토지 현장에 도착했다. 현장에 오니 지도에서 봤듯이 아파트

정문 바로 앞에 택지가 있었다. 하지만 경매 정보지와는 차이가 나는 점이 있었다.

망양역 개통기사

동해남부선 망양역 남부권 새 교통허브 부상 기대

일광~태화강 구간 신설역 3곳 중 한곳
남창·덕하역 사이 위치 이용자 최다 예상
대규모 주택단지·온산공단 등 인접 효과
연말 부산~포항 복선전철화 완전 개통

동해남부선 복선전철화사업 전 구간이 오는 12월 말께 완전 개통을 앞두고 있는 가운데 신설 역사인 온양읍 망양역이 울주 남부권 새 교통 허브로 급 부상이 예상되고 있다. 개통을 앞두고 있는 망양역사.

출처 : 울산신문

정보지에 나와 있는 사진들은 토지 뒤에 건물들이 몇 채 없고 휑하다. 하지만 직접 현장에 가보니 안쪽 택지에 작은 소기업들이 직접 건물을 지어 들어와 있었다. 또한, 인부들이 밥을 먹을 수 있도록 밥집도 많이 생겨나고 있었다.

정보지 사진

현황 사진

 경매로 진행되는 1년 사이에 주변에 새로운 건물이 들어온다는 것은 좋은 신호다. 현재 매물로 나와 있는 토지 주변에 소비 수요가 있으니 토지주들이 돈을 들여 건물을 지어 올리는 것이다.

주변 환경이 바뀌고 있다는 것을 알았으니 이제 현 토지의 매매가를 알아봐야 한다. 아파트 앞이라서 그런지 바로 앞에 부동산 중개사무소가 있었다. 소장님이 처음에는 아파트를 구매 손님으로 알고 아파트 매입 및 세에 관해서 이야기했다. 인근에 토지를 알아보려고 왔다고 하니 무슨 용도로 구매하려고 하는지 되물어봤다.

"소장님, 조그만 유통회사입니다. 차량이 진출입이 괜찮은 토지로 추천해주세요."

우리의 이야기를 듣더니 소장이 토지 매수 손님인지 알고 현재 토지 시세를 알려준다. 10m 도로 옆에 있는 토지는 현재 평당 5,000,000원이고, 작은길인 6m 도로 옆은 평당 4,000,000원에 거래가 되고 있다고 이야기했다. 큰길 옆에 있는 토지가 현재 인기가 좋지만, 가격대가 있어 작은 회사들은 평당 4,000,000원 토지를 매입해서 회사를 짓고 있다고 했다.

원래 주변에 초등학교 예정 부지가 있었는데, 인원이 좀 부족해서 계획안이 바뀌었다고 한다. 초등학교 부지가 있었으면 현 매물로 나와 있는 토지가 더 가치가 있었겠지만, 현 상황에서도 작은 회사들이 토지를 찾고 있으니 가치가 충분히 있다고 판단이 되었다. 이제 현장조사를 다 했으니 입찰을 준비해야 한다.

낙찰

경매 **2022타경2553**

진행내역: 경매개시 86일 배당요구종기일 202일 최초진행 40일 매각 38일 지급기한

울산지방법원 6계 (052-216-8266)

대지 토지 매각

매각일자 2023.03.07 (화) (10:00)

울산광역시 울주군 온양읍 망양리 | 새주소검색 |

토지면적	248.5㎡(75.171평)	소유자	박팔 외1	감정가	410,770,500
건물면적		채무자	박팔	최저가	(70%) 287,539,000
개시결정	2022-04-13(임의경매)	채권자	울산광역시산림조합	매각가	(70%) 288,732,000

오늘: 1 누적: 85 평균(2주): 0 | 차트 |

구분	매각기일	최저매각가격	결과
1차	2023-01-26	410,770,500	유찰
2차	2023-03-07	287,539,000	

매각 288,732,000원 (70.29%) / 입찰 1명 / 김나, 박경 / 사공

매각결정기일 : 2023-03-14 - 매각허가결정

지급기한 : 2023-04-14

| 사진 ▼ | | 지도 ▼ |

전경도   전경도

이 물건 또한 감정가대로 들어가기에는 수익이 크지 않아 유찰을 기다렸다. 1회 유찰을 해서 최저가 287,539,000원에 입찰을 준비했다. 입찰을 준비하면서 단독 낙찰이 될 것이라는 느낌이 강하게 들었다. 울산 사람들은 온양읍을 외곽지로 생각하는 경향이 강하기 때문이다. 하지만 혹시 모르니 최저가에서 약 1,200,000원을 더 올려 적어 입찰했다. 낙찰가는 평당 3,841,000원인 288,732,000원에 낙찰받았다.

낙찰받은 물건은 지목이 대지라 농지취득자격증명원이 필요가 없다. 소유권 이전 시 대출을 80% 진행해서 대출가액은 230,980,000원이었다. 10명이 공동으로 매입해서 소유권 이전 시 개인당 약 6,000,000원이 들어갔다. 현재 토지가액이 약 380,000,000원은 되며, 미래가치가 있는 토지니 2년 뒤에 매각하면 좀 더 좋은 수익이 날 것이다.

그리고 현재 울산에 있는 대기업 중 하나인 에쓰오일이 준비한 '샤힌 프로젝트'가 본격화되면서 일자리가 창출되고 있으며 주변 토지가가 올라가고 있다.

샤힌 프로젝트 기사

'산업 심장' 울산에...에쓰오일, 9조 '샤힌 프로젝트' 본격화

입력 2023-03-30 16:28 수정 2023-03-30 16:28 지면 B1

사우디 아람코, 한국 사상 최대 투자
원유에서 직접 석유화학 원료 전환
신기술 TC2C 세계 첫 상용화 추진

하루 최대 1만7000명 일자리 제공
가동 이후 상시고용 400명 넘어
3조원 이상 경제적 가치 증가 기대

S-OIL 샤힌 프로젝트 기공식

샤힌 프로젝트 기공식이 지난 9일 울산 에쓰오일 울산공장에서 열렸다. 왼쪽부터 무함마드 알 카타니 사우디 아람코 수석부사장, 김두겸 울산시장, 후세인 알 카타니 에쓰오일 CEO, 윤석열 대통령, 아민 H

출처 : 한국경제

소액 경매 투자로 직장인 탈출하기

제1판 1쇄 2023년 5월 25일

지은이   내일로의 시작, 꼬동(김병균)
펴낸이   최경선   **펴낸곳**   매경출판(주)
기획제작 ㈜두드림미디어
책임편집 이향선   **디자인**   얼앤똘비악earl_tolbiac@naver.com
마케팅   김성현, 한동우, 구민지

매경출판㈜
등록 2003년 4월 24일(No. 2-3759)
주소 (04557) 서울시 중구 충무로 2(필동1가) 매일경제 별관 2층 매경출판㈜
홈페이지 www.mkbook.co.kr
전화 02)333-3577
이메일 dodreamedia@naver.com(원고 투고 및 출판 관련 문의)
인쇄·제본 ㈜M-print 031)8071-0961
ISBN 979-11-6484-561-3 (03320)

같이 읽으면 좋은 책들

직장인도 따라 할 수 있는
별장펜션 창업
통장에 조박조박 찍히는 제3의 월급

부동산 투자, 제대로 하려면 땅부터 하라
한 권으로 끝내는
토지 투자 성공공식

**임장의 여왕이
알려주는
부동산 투자 전략**

**'발칙한 발상'이
부동산 성공 투자를
부른다**
토지, 상가의 성공 투자법

기존주택정비사업 A to Z 길라잡이
미니
**재개발·재건축의
모든 것**

당신의 경제 탈출구가 되어줄
이기는
**부동산 경매의
비밀**

종부세
핵폭탄 대비하는
완벽 솔루션

신방수 세무사의
이제 부동산 세금을 알아야
**주택 보유 &
처분** 할 수 있는
시대다

투자 전, 꼭 알아야 하는
상가임대차법

Real Estate Auction
**부동산 경매,
초보에서
탈출하라**

우대빵의 내 집 마련 공식화
**초규제 시대,
부동산 투자의 정석**

**돈이 되는 부동산
vs
돌이 되는 부동산**

신방수 세무사의
**양도
소득세
완전
분석**

사례로 풀어보는
지분경매
지분경매 해결 TWO 기둥
= 소송 + 협상

신방수 세무사의
**부동산 거래 전에
자금출처**
준비하라!

**부동산 관리도
경영의 시대**

**부동산 관리와
종합서비스**

신방수 세무사의
상속분쟁 예방과
**상속
증여
절세 비법**

김 과장도 돈 버는
셰어하우스
SHARE
HOUSE

**내 생애 짜릿한
대박 상가
투자법**

신방수 세무사의
주택임대사업자
등록과
절세 비법

나는 장애를 딛고
부동산 경매로
성공했다

상위
1%
공인
중개사의
마케팅
비법

GTX 시대, 부동산 투자 비법은 따로 있다!
아파트는 살고
땅은 사라

부동산
상식을
돈으로
바꾸는 방법

해외 부동산 투자,
나는 말레이시아로
간다

MALAYSIA

당신도 건물주가 될 수 있다!
원룸
마스터

부동산
실무 法
용어사전
1,000

부자로 환승하라
머니트레인

부동산 투자
인사이트

그는 어떻게
부동산
1인 창업으로
10억을
벌었을까?

돈 버는
주택임대
관리기법

10%대 수익률을 위한
최고의 부동산 재테크
P2P
투자의
정석

동산으로 이룬
유의

아파트 경매,

대박 친
빌딩 투자의
비밀

정준환의
부동산
레시피

초보를 위한 취업과 창업 완벽 가이드
잘나가는
공인중개사의
비밀노트

新
명품 토지
중개 실무

돈 길 따라가는
부동산 투자

부동산 계약·증여·등기 전에 꼭 알아야 하는
부동산 세무 가이드북
Real estate Tax Guide Book
실전편
세무사 김영우 지음
2019 개정세법 반영 전면개정판

개념부터 쉽게 배우는 부동산 필수 상식
돈 되는 부동산은 따로 있다
이재금 지음
300채 임대왕 째왕의 저자가 전하는 부동산 투자 비법

지식산업센터 투자 실전 편
부동산 투자, 아파트형 공장이 틈새다
김동우 지음
퇴계역세권 지식산업센터 아파트형 공장 투자 비법

2년 만에 월세 200만 원 받는
월세 부자 레시피
김동철, 민정화 지음
이제 당신도 부자(?)가 될 수 있다!

직장인들도 쉽게 따라할 수 있는
新 **부동산 공매 가이드북**
김효조, 정선욱, 구본철, 정애경 지음
실전편

양도·증여·상속의 모든 것
기막힌
부동산 절세의 비밀
김태우 지음
생활 속의 세금 상식을 담은 절세 필독서

경공매·NPL 투자자와 자산가도 꼭 알아야 하는
부동산 매매임대사업자 세무 가이드북
Real estate Business Tax Guide Book
세무사 김영우 지음
최신 개정세법 반영 실전편

나는 부동산 투자로 파산자에서 100억 부자가 되었다

경쟁하기 싫은 경매 투자자의 신세계
지분경매, 공유지분, 독점경매
남동선 지음
낙찰은 경쟁하기 싫고, 혼자 전부 독식하고 싶다!

입찰에서 취득까지, 낙찰에서 매도까지
부동산 경매의 모든 것
이것이 진짜 성공 경매다
정병주 지음
가치 투자로 승부하라 실패를 최소화하는 성공 투자 비법

부동산 전문 아나운서의 재테크 실전법
결혼은 선택이지만 부동산 투자는 필수다
김이석 지음
부동산만큼 행복을 보장해주는 선물 찾기란 없다!

수익형 부동산 건축과 재테크 투자 비법
헌집 살래 새집 살래
이승훈 지음
건축을 알면 알짜 부동산이 한눈에 보인다!

부자 되는 주택 임대사업
이제 대세는 수익형 부동산이다 평생 돈 걱정 없이 사는 월세 부자 되기

돈 버는 공인중개사는 따로 있다
마산 정복자도 공동중개 있고 수익률 경쟁에도 따로 있다

전세가를 알면 부동산 투자가 보인다
이정훈 지음
시장 심리를 파악하면, 투자 초점이 보인다!

서울시 공정경제과 주무관이 알려주는
부동산 거래와 판례
홍성민 지음

스타들의 부동산 재테크
스타들의 사생활보다 더 궁금한 그들만의 부동산 투자 스타가 좋아하는 부동산은 따로 있다?

지분 경매로 토지 개발업자 되기

부동산 재테크 역세권이 답이다

세무사 30년이 알려주는
세무조사 대비의 모든 것

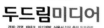